Obra Poética

Editora Appris Ltda.
1.ª Edição - Copyright© 2023 do autor
Direitos de Edição Reservados à Editora Appris Ltda.

Nenhuma parte desta obra poderá ser utilizada indevidamente, sem estar de acordo com a Lei nº 9.610/98. Se incorreções forem encontradas, serão de exclusiva responsabilidade de seus organizadores. Foi realizado o Depósito Legal na Fundação Biblioteca Nacional, de acordo com as Leis nᵒˢ 10.994, de 14/12/2004, e 12.192, de 14/01/2010.

Catalogação na Fonte
Elaborado por: Josefina A. S. Guedes
Bibliotecária CRB 9/870

A958o 2023	Avila, Paulo 　Obra poética / Paulo Avila. - 1. ed. - Curitiba : Appris, 2023. 　402 p. ; 23 cm. 　ISBN 978-65-250-3917-6 　1. Poesia brasileira. 2. Antologias. I. Título. 　　　　　　　　　　　　　　　　　CDD – 869.1

Esta obra foi selecionada por meio do Edital de Retomada Cultural SMC nº 01/2022, tendo recebido apoio financeiro da Prefeitura de Vassouras e da Secretaria de Cultura de Vassouras para a sua publicação.

Editora e Livraria Appris Ltda.
Av. Manoel Ribas, 2265 – Mercês
Curitiba/PR – CEP: 80810-002
Tel. (41) 3156 - 4731
www.editoraappris.com.br

Printed in Brazil
Impresso no Brasil

Paulo Avila

Obra Poética

Appris
editora

FICHA TÉCNICA

EDITORIAL	Augusto V. de A. Coelho
	Sara C. de Andrade Coelho
COMITÊ EDITORIAL	Marli Caetano
	Andréa Barbosa Gouveia - UFPR
	Edmeire C. Pereira - UFPR
	Iraneide da Silva - UFC
	Jacques de Lima Ferreira - UP
SUPERVISOR DA PRODUÇÃO	Renata Cristina Lopes Miccelli
ASSESSORIA EDITORIAL	Nathalia Almeida
REVISÃO	Camila Moreira
PRODUÇÃO EDITORIAL	Raquel Fuchs
DIAGRAMAÇÃO	Yaidiris Torres
CAPA	Laura Marques
REVISÃO DE PROVA	Bianca Silva Semeguini

A todos aqueles que necessitam da poesia.

PREFÁCIO

Aqui, abre-se uma alma.

O verso de abertura desta antologia comemorativa dos dez anos de publicação da trilogia Devaneios (2012), Despido (2013) e Destino, Niilismo e Redenção (2014), de Paulo Avila, já declara o que se pode esperar do que vem a seguir. O autor, nas páginas de Obra Poética, apresenta-nos um eu lírico cuja alma – incoerente, sincera, subjetiva e universal, entre outros atributos mencionados nos poemas – abre-se generosamente ao leitor e à leitora com seus temas existenciais, sociais e amorosos. O autor elabora seus versos com uma linguagem ora áspera, ora melancólica, fazendo uso de diversos recursos expressivos, além de flertar com o concretismo. Sua poética também é atravessada pela melancolia e pela rebeldia do rock, principalmente de Renato Russo.

Voltemos nossa atenção inicialmente a essa alma lírica que se mostra em "Devaneios", primeiro poema do livro de mesmo nome:

> *(...)*
> *nos devaneios*
> *de uma poética produzida em um quarto fechado*
> *alimentada por versos inventados à meia-luz*
> *de lugar algum, ou de algum lugar pantanoso*
> *do inconsciente*

O eu lírico nos diz do "lugar algum" ou "algum lugar pantanoso do inconsciente" onde as imagens e ideias surgem para que possa inventá-las "À meia-luz" de "um quarto fechado", evidenciando o bonito percurso da criação poética, que não deixa de ser sofrido, uma vez que seus sonhos

> *(...)*
> *cortam*
> *como navalha na carne,*
> *sangram.*
> *singram,*
> *suam*
> *(...)*

E o resultado desse percurso doloroso, expresso em vocabulário cortante, são as vozes-fragmentos da alma impura, fragmentos que constituem a essência desse Eu que se revela no poema "Fragmentos" – que no livro Devaneios (AVILA, 2012) era o décimo quarto e, nesta seleção revisada, o autor sabiamente o posicionou em seguida ao primeiro, pois que se complementam – para declarar sua essência multifragmentada. As questões existenciais, incluindo o fazer poético, pontuam toda a obra de Paulo, com suas angústias e negações, mas também na busca de redenção. São versos que se confundem com a própria vida.

Os temas sociais também são caros ao autor. Como em "Pressa":

> *Temos pressa.*
> *O mundo tem pressa.*
> *Pressa de comer,*
> *Pressa de viver,*
> *Pressa de ganhar dinheiro,*
> *Pressa de ter pressa.*

No poema, a repetição do vocábulo pressa potencializa o discurso, destacando o caráter destrutivo da pressa que nos impede de enxergar "as crianças raquíticas que caminham sem destino". Ou em "Panaceia", em que são mencionadas guerras, miséria, fome, "o Brasil e sua turba de alienados", "a religião e seus fiéis fanáticos", "o absurdo cotidiano". Esse poema sofreu algumas alterações para a nova edição, e continua cada vez mais atual, considerando-se, sobretudo, a realidade social brasileira. Essa preocupação é faceta marcante dos "vários eus fragmentados" criados por Paulo Avila.

Temas como a passagem do tempo e a morte também são frequentes, como em "Procissão dos mortos-vivos", em que o autor cria a cena de um cortejo a um "meio-morto num catre/na rua principal daquela cidade" (Devaneios). Ou em "Quebrado" (Despido):

> *Diante do espelho,*
> *vejo a alma enrugada,*
> *envelhecida pelos anos*
> *e pelo meu triste olhar.*
>
> *O tempo é algoz.*

Ou ainda em "Fugacidade" (Destino, Niilismo e Redenção):

> *(...)*
> *a vida perece aos poucos*
> *e deságua na morte*
> *um breve infinito perdido*
> *nas duas pontas do horizonte.*

Mas não pensem a leitora e o leitor que os temas são apenas os melancólicos. O eu poético é um buscador – a metáfora do espelho onde investiga o próprio rosto é uma constante – e a redenção vem. Há um alento para a falta de sentido de que nos vemos reféns: o amor. E este vem materializado na figura da bem-amada, em "Silvana" (Destino, Niilismo e Redenção):

> *tua pureza ilumina meus dias*
> *teu sorriso é primavera*

seu olhar... perdição
onde me encontro
livre de amarras
livre de mim
salvo por ti

No poema acima, os versos tornam-se cada vez mais curtos, como que revelando concretamente a libertação que a presença da mulher amada representa para a alma do eu lírico.

Outro aspecto que não pode deixar de ser destacado é a procura incessante de Avila pela depuração da linguagem, sendo esse um dos motivos do desejo de publicação desta coletânea, em que o poeta revisa e realinha versos e poemas de seus três primeiros livros, além de acrescentar novos textos. Sua linguagem é marcada pelos jogos de palavras, pelo vocabulário contundente, construções concretistas, bem como pela declarada influência tanto por Álvares de Azevedo e seu romantismo gótico quanto por Augusto dos Anjos e seu vocabulário antipoético. Fernando Pessoa e Drummond são também influências marcantes e presentes nesta obra.

Encerro essa visão panorâmica, bastante breve e resumida, dessa obra/alma lírica com tantos aspectos a explorar. Em mãos, quatrocentas páginas ofertadas ao leitor e à leitora com generosidade. Deliciemo-nos com a poesia a cada dia mais amadurecida de Paulo Avila.

Luciene Lima
Mestra em Letras e professora

APRESENTAÇÃO

Para começar a falar deste projeto que se torna realidade, preciso primeiro voltar um pouco no tempo: no dia 26 de maio de 2022, o Diário Oficial publicava o resultado do Edital de Retomada Cultural da Comissão de Avaliação da Secretaria Municipal de Cultura do município de Vassouras-RJ. Para minha surpresa, meu nome constava como aprovado na categoria Literatura. Uma alegria e tanto para mim, que havia dado Depois do Caos como o canto do cisne na minha carreira literária no quesito publicação. Finalmente, eu tinha a oportunidade de levar adiante um projeto que já estava algum tempo em minha mente, mas não encontrava tempo – e talvez me faltasse um pouco de ânimo também – para organizar os arquivos originais dos meus três primeiros livros de poemas, Devaneios (2012), Despido (2013) e Destino, niilismo e redenção (2014).

Voltando um pouco mais no tempo, há mais de dez anos, eu estreava no mundo editorial com o meu primeiro livro, Devaneios. Acredito que esse seja o momento mais importante e emocionante na carreira de qualquer autor, mesmo que dali por diante venham outros a ser publicados, como veio a acontecer comigo.

Selecionar os poemas, procurar uma editora, enviar originais, analisar propostas e orçamentos, assinar contrato, organizar o lançamento, divulgar, vender exemplares... Fiz isso várias vezes depois, mas a primeira sempre é especial.

Agora, relançar esses livros num único volume trouxe em mim nostalgia e ao mesmo tempo me deu um susto. Quando relia os arquivos, pude me lembrar de que havia muitos poemas inéditos do primeiro que não entraram na época por uma decisão da editora: o livro ficaria muito grande e o valor aumentaria consideravelmente para o leitor. Como era meu primeiro livro, pensei bem e resolvi reduzi-lo, selecionando os poemas da minha preferência. Do segundo livro, em menor número, alguns poemas não entraram por uma decisão pessoal. Do terceiro, um projeto mais enxuto e maduro, encontrei somente um poema inédito ("Tempo remoto") – que na verdade não estava no arquivo original, mas sim em um à parte com data concomitante ao da produção de Destino, niilismo e redenção, o que julguei fazer parte da essência do livro daquela época – e somente agora devidamente acrescentado a esta antologia.

Entretanto, algo impressionante me chamou a atenção nesse trabalho de releitura e me trouxe uma certeza: os poemas originais de Devaneios nunca seriam escritos por mim da mesma forma nos dias de hoje. Arrisco a dizer que alguns não seriam nem mesmo compostos. Antes, eu me preocupava mais com o que eu queria dizer. Hoje, entendo que, além do conteúdo (muito importante, por sinal), minha preocupação como poeta também está ligada à forma, ao ritmo, à técnica, ao estilo. É um trabalho delicado, até mesmo exaustivo. Creio que o trabalho poético seja 50% subjetividade e 50% técnica. Desse modo, relendo o arquivo original de Devaneios, percebi muitas deficiências de um poeta ainda transitando pela insegurança e até mesmo pela imaturidade, com problemas de ritmo e alguns trava-línguas não intencionais. Por isso, acredito que 90% dos poemas – entre os originais e os inéditos – receberam um novo tratamento, já que me permiti realizar, desde a concepção deste projeto, um trabalho revisto, atualizado e ampliado.

Sou o mesmo, como pessoa e, principalmente, como poeta; porém mudei. Faz parte da vida. Quem nunca desejou ter uma segunda chance para refazer um trabalho com algumas irregularidades e transformá-lo em algo melhor? Obra Poética é um bom exemplo disso.

O resultado deste livro que chega às mãos do leitor é superior – quanto ao conteúdo e à técnica – em relação às obras originais. Quem as conhece perceberá esse salto de qualidade, fruto da minha evolução como um autor que há muito se arrisca na criação poética, evolução essa que já se consolidara em A via crucis da alma (2021).

Entretanto, esse processo de depuração linguístico-estrutural não alterou a temática, apenas tentou aperfeiçoá-la. Nestas páginas, é possível ter uma nova experiência de leitura com as mesmas questões que sempre me foram caras e fazem parte do meu discurso poético, como as inquietações existenciais de um eu lírico fragmentado, o discurso amoroso como refrigério e alento para a alma, as mazelas sociais, o tempo como um vilão silencioso. As dualidades, paradoxos, polissemias, metalinguagem, jogos de palavras e demais recursos expressivos continuam presentes, agora de uma forma aprimorada, embora os versos continuem acalentadores, desconfortantes, caóticos, redentores, transgressores, ternos.

Portanto, convido você a fazer essa revisitação ao meu trabalho e a descobrir ecos antigos e novos nos poemas, que rejuvenesceram nesta coletânea.

Paulo Avila

SUMÁRIO

DEVANEIOS.. 19

DESPIDO 181

DESTINO, NIILISMO E REDENÇÃO 295

Não sei quantas almas tenho.
Cada momento mudei.
Continuamente me estranho.
Nunca me vi nem acabei.
De tanto ser, só tenho alma.

(Fernando Pessoa)

DEVANEIOS

2012

Sou carne, ossos, coração, nervos e sentimentos.

DEVANEIOS

Aqui, abre-se uma alma.
Não de confidências.
Muito menos de inconfidências.
Talvez incoerente
e, mesmo assim, sincera.

Uma alma
subjetiva e universal.
Pré e pós-mim.
Tudo.
Nada.
Algo.
Resquícios daninhos que brotaram
do jardim abandonado.

Desfaço-me pelo concreto
nos devaneios
de uma poética produzida em um quarto fechado,
alimentada por versos inventados à meia-luz
de lugar algum ou de algum lugar pantanoso
do inconsciente
inconsistente,
entre um vinho tinto de um não-alcoólatra
deixado à mesa sem provar
e um contrato de letras prostituídas
para consumo popular.

Desejo pseudointelectual de glória bastarda
nas migalhas pagas para sobreviver
em nome da arte
que esquece o poeta,
assassina a musa
e faz do eu lírico

um ser-fantasma num mundo material
que já não suporta mais sentir.

Mas o que seria sentir?
Devanear?
Ser louco?

Não sei.

Expurgo apenas uma imperfeição de sonhos abstêmios
que se vão,
que se partem
e cortam
como navalha na carne,
sangram,
singram,
suam
e produzem
vozes-fragmentos
da alma
impura.

Ah!...
Minha luxúria,
meu pecado literário
padecem
num hospício,
buscando a libertação
pela palavra-protesto!...

E nada mais.

FRAGMENTOS

Caí de um sonho perfeito
e, sobre o asfalto,
minha vida, num devaneio,
partiu-se em vários eus.

Essência multifragmentada de mim.

ENTRE A LUZ E A AGONIA

Não sei se pereço
ou padeço.

Pareço
acaso,
ocaso,
opaco.

Perdido
ou parco.

Partido,
parvo,
pêndulo
pensante.

Agônico
e atônito.

Apático,
imploro
na aurora
de outrora.

E pela fresta
do destino
uiva o vento
na réstia
inerte
de um sol
caduco.

SECO

Estou seco
poço fundo
sem fundo.

Estou seco
folha jogada
ao vento.

Estou seco
sedento
de vida.

Estou seco
seco
seco.

PRESSA

Temos pressa.
O mundo tem pressa.
Pressa de comer,
pressa de viver,
pressa de ganhar dinheiro,
pressa de ter pressa.

Nascemos com pressa.
E a pressa nos leva à morte
do corpo e da alma,
do nascer ao pôr do sol,
em meio às flores no concreto
e às crianças raquíticas
que caminham sem destino.

Nascemos.
Morremos.
Enquanto a pressa nos persegue,
nos sufoca,
nos paralisa,
nos faz perder o tempo.

Pressa pelo céu,
por algum deus,
não importa qual seja:
Deus ou Dinheiro,
Buda ou Javé,
Cristo ou Maomé.

Não importa.
Não interessa.
Não sabemos.

Temos pressa
para chegar a lugar algum,
para chegar ao fim
antes mesmo de recomeçar.

Pressa
que nos desumaniza,
nos martiriza,
nos lança aos leões,
nos torna irracionais
e nada mais.

Nada mais.
Não mais.
Nunca mais.

Paulo Ávila

CONCRETO

E assim morreram
tantas lembranças,
andanças,
purezas,
rezas,
reses,
réus

e
nada
parece
ao menos
ter sentido
sentindo dor
mesmo dormente

RECEITA

Rega a flor
deflorada,
despudorada,
sem amor.

Sufoca a dor
com lágrimas
manchadas de paixão
e um pouco de razão.

Rasga o coração,
as cartas de amor
e as lembranças
que ainda virão.

Paulo Ávila

ANTES E DEPOIS

Perdi-me.
É estranha essa sensação de não me ter.
Parece que nada será como antes.
Mas como era antes?
Não me lembro...

PERDIÇÃO

Gaivotas singram céus e mares.
Parecem o meu coração
voando perdido por toda parte.

PANACEIA

Essas estradas não levam a lugar algum.
Vitimados, o sol machuca.
Ofuscados, lágrimas secas caem pelo rosto.
Prosseguimos.

Eu sei...
Há guerras,
fome,
miséria.

Não há nada de novo.

A vida prossegue a triste sina
entre barrancos e trincheiras,
entre mortos e feridos,
entre cinzas e o céu nublado,
entre o pensar e o ferir,
entre o perigo e a invalidez.

Observo árvores e rios imaginários.
Um barco ao longe dá adeus.
Mas não há árvores,
não há rios,
não há barcos
não há mares,
não há vida,
muito menos quem se possa amar ou ser amado.

Para onde iremos?

Sabemos pouco do futuro,
mas conhecemos bem o presente.
E o presente está apodrecido,
com prazo de validade vencido.

O passado foi incrédulo,
absurdo,
como o absinto abusivo,
como o Brasil e sua turba de alienados,
como a religião e seus fiéis fanáticos,
como a profanação dos ideais.

O absurdo é cotidiano,
é comum,
é familiar.
Somos absurdo.
Nascemos assim.
Morreremos absurdo,
ignorantes,
ignorados,
ignóbeis.

Renasceremos?
Talvez...
em meio a canibais,
em meio a um lixão,
entre restos químicos
e restos mortais,
restos de comida
de que um dia nos alimentaremos.

E assim virá
apesar de tudo
uma velha, úmida e tímida aurora.

Paulo Avila

CÉU E MAR

Da ilusão infinda,
o fim dos sonhos
em um quebra-mar
e um vazio tão dolorido.

Havia uma bomba-atômica
no jardim de infância:
flores delicadas
na fatalidade sem Deus.

A alma se faz cansada,
ao despertar,
ao lamentar,
em doses de licor,
em tintas de hidrocor.

Em tantas ruínas é perpassado
o que parece frágil e inocente,
que em agonia é deflorado
e se faz desequilibrado
nesses dias que virão
enquanto a vida
adoece em uma prisão.

E o mar se mistura ao céu
de cima a baixo,
no azul,
no infinito que se perde
no puir do poente
que adormece
e me enternece.

PROCISSÃO DOS MORTOS-VIVOS

Um morto passava meio-morto num catre
na rua principal daquela cidade.
A multidão de curiosos acotovelava-se:
"Quem era o pobre-diabo?"
"Era jovem?"
"Tinha amigos?"
"Família? Irmãos, pais, mulher, filhos?..."
"Eu acho que o conhecia..."
"Trabalhava numa repartição pública."

Boatos, falatórios, conversas e difamação.
Ele era só mais um motivo,
um pretexto podre e decadente
para atiçar a curiosidade
dos ávidos por mortes e tragédias cotidianas.
"Era só."
"Tentou o suicídio."
"A mulher o traiu."
"Endividou-se com jogatina."
"Engravidou a irmã."
"Era pobre, mas honesto."
"Morava num barraco do outro lado da rua."

O morto não podia ver os rostos
e a tudo ouvia, mas nada podia dizer,
de tantas injúrias e mentiras a seu respeito
não havia como se defender.

"Para onde estou indo?"
"Meu amor, onde você está?"
"Cuide das crianças!"

"Pague a fatura atrasada do cartão de crédito
que se encontra esquecida na minha gaveta."
"Me perdoe, por favor!"

A vida começa e se dissolve
entre uma noite de sono
e o acordar-se novamente no útero,
desta vez em uma câmara transparente,
repleto de consciência e lembranças.
"Sou a novidade, não pelo meu nascimento
mas pela minha hipotética morte."

O sol a pino.
Dores de cabeça intermináveis.
Formigamento nos lábios secos.
"Água, pelo amor de Deus! Água!"

Ninguém o ouve.
Ele grita desesperado em silêncio.

Está aprisionado no seu próprio corpo.
Ninguém o ouvirá.
Nunca.

Os boatos, as vozes, os zumbidos se multiplicam.
Corja miserável de curiosos mortos-vivos
(ou seriam vivos-mortos?)
e urubus de plantão
com um falso ar de pena e compaixão,
mas regozijando no seu íntimo sujo e fétido.

Ponto final.
Uma lágrima lhe escorre pelo rosto paralisado.
Sente seu corpo descer.
Descendo... cada vez mais.

Um baque surdo.
Está morto... mas...
Por que se sente tão vivo?
Por que a maldita cabeça funcionando?
Por que tantas perguntas, tantas angústias,
tantos medos?

"Não, não, não... Isto não é um sonho!"

Escuro.
Vazio lá fora,
vazio dentro de si,
vazio, o mundo.

"Frio, sinto frio..."

Um abraço,
uma palavra sincera,
uma mão carinhosa,
um sorriso,
um Deus,
qualquer coisa.

Tudo acabado.
Tudo esquecido.
Ocaso, termo, terra fria, escuro, fim...

Vivo.
Porém morto
num estado mórbido de catalepsia.

CANSADO

Cansei-me dos meus versos,
do meu rosto no espelho,
das minhas roupas,
das coisas sem valor que comprei.

Cansei-me de mim.

Joguei tudo fora
pela janela dos sonhos desfeitos e acabados.
Sonhos descontentes.
Sonhos niilistas.
Sonhos inanimados.

E agora,
sem sonhos,
o que sou?

Talvez eu seja apenas um reflexo do que ainda não sei.

ALGUNS VERSOS CARNAIS SOBRE O AMOR

I
Quero, desnudo,
provar o amor nos teus braços, meu amor,
flor do meu jardim,
meu norte, meu início,
meu porto,
meu fim.

II
Enquanto a primavera não vem,
sê a minha estação de esperança!
Aquece-me com beijos, abraços e amor.
Faze de mim um servo teu,
minha Deusa, minha Vida!

III
Há uma força que emana do teu corpo
e me faz provar do teu beijo
como um pobre-diabo moribundo no deserto
em busca do oásis
a me saciar.

IV
Corpo.
Toque.
Dedos suaves
deslizam pela pele, pela alma,
pela intimidade, pelos cabelos.
Ah, quero morrer após esta noite
e acordar em um paraíso mundano

habitado somente por nós dois.
Saciamo-nos.

V
Calor do amor que devora e sacia
nestes dias frios em que o inverno fez morada;
no entanto, sinto a primavera em minha cama,
há flores e frutos por toda parte
no entrelace dos nossos corpos
que imploram por amar,
por amor,
calor,
a desabrochar
na essência de nós.

VI
Puro amor mundano
e ao mesmo tempo santo
transfigurando
pecando
provando
pairando
céus e infernos
gemidos e sussurros
saliva suor secreção
fim-início-fim
incessante
pequena morte
renascendo
em paz.

VII
Mundo suspenso
por alguns minutos,
conjuntura da criação divina
perpetuada na carne.

Espelhos no olhar eternizados.
Mortais em êxtase divinizados.
Nós sublimados.
Em oblação, o coração.
Em oração, o culto pagão.
Abençoados.
Na mente,
no corpo,
na alma,
eternamente.

CLAREAR

Amanhece,
sinto o despertar da vida
diante dos meus olhos

Comovido,
sinto uma ternura
inexplicável!...

Vivo,
colho e entrego a ti
flores, cantos e poemas.

Enternecido,
beijo-te os lábios,
numa ternura em pétalas.

És o sol, a aurora,
o sopro de vida,
o anjo?...

Mulher ou menina,
santa ou pecadora,
juíza ou executora?

És tudo
o que quiseres ser,
pois tens meu coração.

És a vida
a germinar em uma primavera
que ainda virá.

ROMPIMENTO

O silêncio me incomoda
enquanto me vejo indeciso
à margem do mundo,
à beira de tudo.

Caminho
por entre anônimos,
buscando por um sorriso,
mas os olhares são tão frios.

Braços não me abraçam
e se isolam
num mundo inútil,
num círculo vicioso.

Vago na vaga lembrança
de um meio fortuito
para esquecer a dor.

Procuro o que me tornei
e o que virei a ser
um dia.

Mas por ora basta estar sozinho
na calamidade das almas em escombros,
na rebelião das ideias que se fazem versos
e clamam por libertação.

Mas o silêncio ainda persiste...

Paulo Ávila

GROTESCO X SENSÍVEL

Aceito circunstâncias imutáveis
embora eu tente mudar rotinas de vez em quando.
Olho para dentro de mim como quem descobre
um segredo guardado no fundo de um baú
esquecido num porão
e quase sempre me desconheço.

Às vezes grotesco,
às vezes sensível ao extremo,
tento me reconhecer
na fenda que por engano ficou exposta.

E ao me reencontrar
alforriado,
mas ainda aprisionado,
me vi por inteiro
e pela metade.
Apenas eu mesmo,
sem transparências e sem fotocópias.

Apenas eu mesmo.

À ESPERA

Há uma frágil esperança na noite turbulenta,
diante de uma luz intensa que nos cega,
do triste sorriso,
da beleza de morte
dos crisântemos
em um caixão.

Há uma frágil esperança na manhã pós-tempestade,
que ninguém viu,
que ninguém divulgou
como a fagulha de uma incerteza
que gerou dores tantas
e flores murchas.

Há uma frágil esperança nos pântanos da alma,
no recôndito de mim,
nas clareiras,
nos acasos,
no silêncio.

E à espera de uma esperança que ainda não brotou
observo
claustrofóbico
o maculado germinar de uma flor
sem amor.

ALTO-MAR

Um barco em alto-mar
leva meu coração,
leva sonhos,
saudades,
ilusão.

E, ao sol cinza
a se pôr,
traz incerteza,
desânimo
e alguma dor.

Ah!
Deixei minh'alma se afogar
no fundo do mar,
fiz uma prece arrependido,
mas só me restou o silêncio
a me consolar.

PRÉ-PRIMAVERA

Não sei se acordo
ou se regresso.
Sei apenas que tenho a alma à venda
e algumas flores esquecidas na sacada.

Sinto a minha vida cansada
cansar-se de mim.
A saúde ora debilitada
requer e pede sossego.

Em meus sonhos, a primavera não virá:
morrerei antes
por entre jasmins
e serafins.

E assim
renascerei
entre crisântemos
e damas da noite
quase murchas.

A vida entendida assim
parece um fugir de si
para a ilha
dos sonhos
náufragos
quase
mortos
sem
fim.

AO DESPERTAR

Ai de mim,
minha flor,
deixar-te só
assim
no inverno.

Envolve-me
na cama,
no ninho,
que é só nosso.

Hibernemos
e gozemos
o amor
que extasia.

E em breve
acordaremos
finalmente
saciados.

DEUSA

Profana,
engana,
reza contrita
pelas almas daqueles
que padecem no paraíso.

Num olhar pungente,
és a deusa
que enlouquece,
que profana
toda a minha vida.

Fazei-me gozar,
no inferno,
no paraíso,
no purgatório,
em qualquer lugar.

Após Afrodite
serás Virgem Maria,
ídolo da minha devoção,
dos santos e pagãos
sedentos de amor.

Paulo Ávila

DISPERSO

Morri por dentro
e acordei por fora
entre girassóis e cata-ventos
que não me mostraram a direção.

Entre tantas promessas,
a alma cansada
na prisão chamada corpo
quer se libertar.

Numa estrada que se parte,
vejo a bifurcação de ideias,
dos sentidos,
das polissemias.

Na disfunção dos sentimentos
caio em efeito cascata,
dominó
e temporal.

Enquanto aqui
me vejo só,
disperso,
feito pó.

ALÉM DOS MUROS DE JERUSALÉM

Da janela do Vaticano,
mais uma bênção é proclamada.
Além dos muros que nos separam,
mais uma desgraça é gerada.

Há um mundo morrendo lá fora
enquanto instituições e hierarquias
não podem ouvir os gritos mudos
e ensurdecedores
das crianças que imploram
por um dia florido
em meio a tantos espinhos.

O que nos sobra?
Apenas o coração,
esse santuário devassado,
prostituído,
maculado,
sangrado,
mas ainda inocente e pueril
que por ora permanece
e resiste.

ESQUECIMENTO

Entrei em greve de mim
por tempo indeterminado.
Estou fechado para balanço.

Tenho mil coisas para fazer
e não faço nada.

Tenho inúmeras contas a pagar,
tenho livros para ler que sequer vi a capa,
tenho um filho para criar (que ainda nem nasceu),
tenho um poema maravilhoso para escrever
embora saiba que nunca escreverei.

Viajarei para longe,
longe da consciência,
longe dos problemas,
longe do barulho,
longe de tudo o que me faz mal.

Quero apenas um lugar
onde eu possa me esquecer um pouco de mim.

ALGUNS DEVANEIOS

I
Breve vida,
quero-te eterna
a cada dia.

II
Transitoriedade da existência,
belas borboletas
num voo incerto
finito.

III
Lembranças perdidas
entre o bater da porta
e o epitáfio.

IV
O vento sopra,
parece contar histórias.
E eu ainda não sei nada de mim.

V
Por mim
seria o fim
de mim.

VI
Enfim,
nada
faz sentido
em mim.

VII
Sou intersecção
imperfeita
entre o que sou
e os sonhos que tenho.

VIII
Produzo
meios e subterfúgios
para convencer a mim mesmo
de que toda consciência parte do princípio
de que não somos nada e ao nada voltaremos.

IX
A primavera virá!
Tudo finalmente voltará a florir
e a minha alma verá uma luz
em meio ao caos.

Renascerei com as flores
em meio ao deserto de sorrisos disformes,
ao arsenal de beijos recusados,
ao antagonismo dos olhares,
à compaixão que foi desprezada.

A primavera virá em mim
e minh'alma haverá de florir
entre o limiar de uma nova estação
e a minha moribunda esperança
que muitos conhecem por quimera.

MADRUGADA

Perambulo
em preâmbulos,
meio confuso
e tão errante.

Um extremo paradoxo,
uma paráfrase de mim,
uma paródia do mundo,
fazendo-me inseguro,
desigual
e reticente.

Caricato e irônico
entre mentiras e meias-verdades
por mim tão inventadas.

E, perto do fim,
encontro enfim
o início de mim.

BEM-QUERER

Quero flores na janela
e eternas quimeras
no meu jardim.

Quero dias de sol
no inverno que me consome
como inferno sem fim.

Quero a doce querência
das ilusões infindas
mais que bem-vindas.

Quero repousar
e, ao acordar,
poder enfim enxergar
um mundo diferente.

Quero sonhar então
de olhos bem abertos
na possibilidade do voo
pós-libertação.

OS ESQUECIDOS E A ETERNA MARCHA DOS PÉS DESCALÇOS

As oportunidades parecem vãs
pelos vãos da entrada,
pelos vãos da janela
que o frio desperto logo dispersa.

Vão-se sonhos pelos maremotos da alma.
A cada dia acordo vivo e sinto medo:
medo de mim, medo de tudo o que não entendo.

Vão-se sóbrios os dependentes,
doentes os sãos,
inocentes os ladrões,
ignorados os amantes.

Vão-se embora todos,
a cada dia, a cada lamentar-se,
a cada cão que lambe suas feridas,
a cada filantropo que deposita uma moeda em sua vida,
a cada revolta, a cada inconfidência, a cada reacionário,
a cada hipócrita que reza ao deus-dinheiro,
a cada descrente que agoniza,
a cada um que diz: foi vontade de Deus.

Vai-se embora cada um de nós,
que espera,
que consente,
que diz sim a todos os insultos,
a todas as perversidades,
fraudes,

falsidades
ditas e assinadas
sem prazo de validade.

Vai-se embora a poesia tuberculosa
que adormece,
que grita de fome,
de medo,
de horror,
em nome da arte.
Mas não há arte quando se tem fome –
fome de comida e fome de livros
num país doente
em eterna quarentena.

Vai-se embora cada um de nós,
poetas ou loucos,
de amores castos ou mundanos,
que perambula pela vida só de passagem.

Vão-se embora todos os esquecidos
que brindam a loucura de um mundo em farrapos
e põem-se em marcha de pés descalços
e sem destino.

CONVALESCENTE

Estive acamado,
doente do corpo e das palavras.

Mudo,
despenco-me em agonias,
palidez
e versos mortos.

Convalescente,
entre o delírio,
o desmaio
e a inspiração.

IMPUDICO

Sem pudor,
as bocas imploram,
as mãos tocam
e sentem o gozo
na atração dos corpos.

Na intimidade,
a suavidade da pele
perpassa o limite
no contato físico das almas
sedentas de desejo.

Em cada beijo,
línguas se encontram
nas entrelinhas e labirintos
do nosso amor,
nosso céu particular.

ALMA ESCANCARADA

Estive longe.
Longe de quê?
Longe talvez de mim.

Olhei-me por dentro
e vi a alma enrugada
e o coração ansioso
por nada aparentemente urgente.

A vida pareceu-me calma;
o sonho, uma impossibilidade;
o tempo, meu amigo-algoz.

Reproduzi devaneios em palavras
que se tornaram versos incoerentes,
deixei a alma escancarada
e por fim me abandonei.

AURORA

É tarde.
Muito tarde.
Ou sou eu que escureço
e me ponho com o sol?

Faz frio.
Muito frio.
Ou será que o meu coração
congelou?

Uma brisa se faz libertina
e me toca o rosto,
sussurrando histórias
perdidas
pelo vento,
através do tempo.

Sou alvorada,
crepúsculo,
hora morta,
ângelus
(Ave Maria,
cheia de graça...),
anjo,
parte incompleta
de um todo.

Sou liturgia das horas,
beneditino,
monge
enclausurado,
pecado

estrangulado,
expurgo,
ex-tudo,
ex-de mim.

Sou os sinos ao longe.
As indulgências plenárias.
Uma prece.
Um recomeço.

Sou luz em trevas.
A esperança.
O milagre.
Aquilo em que parece
impossível acreditar.

Além de mim,
além de tudo,
nascerá o dia,
nascerei
um dia.

Ergo-me
lentamente,
sentindo medo,
desengano
e pesar.

E no limiar do fim do mundo
acordo
renovado
enquanto amanheço
revestido de aurora.

VÃS E SÃS

Coisas vãs
que se vão
são para mim
alento,
pecado
e perdão.

Coisas sãs
me enlouquecem,
me enternecem,
sabotam meu dia
com lentidão
e podridão.

GUERRA EM MIM

Aglutino perdas,
pecados,
e danos
na contramão.

Revelo-me inteiro,
um falso mosaico de dúvidas e imperfeições
desprezando tantas boas intenções
e algumas convenções.

Meio cético, meio cristão, meio niilista,
sendo tantas vezes contraditório,
fugindo e esquecendo quem eu sou:
um desatino,
um transtorno bipolar passageiro,
como dor de cabeça,
castigo,
punição
e absolvição.

Uma bandeira da paz
se faz hasteada
em meu coração –
uma trégua em tempo de guerra.

Uma guerra que se fez dentro de mim.

Paulo Ávila

VASTO MUNDO VAZIO

Deserto em mim.

Decerto estou seco.
Poeira e vento
espalham-me
por toda parte.

Saio,
finjo ser tudo,
menos eu mesmo.

Reparto-me
em cacos
e em tantos fardos.

Fecho os olhos,
acordo para mim e sonho
tantas vezes insone.

Sou um mosaico imperfeito
e me faço muitos de mim
espalhados pelo chão.

FACETAS

Em desespero.
Desgovernado.
Qual o rumo?
Quais as ilusões?
Último versículo.
Rastros.
Mistérios.
Miséria da alma.

Eu recôndito em mim.
Impureza sem mácula.
Asas.
Voo.
Queda.
Escombros.
Facetas.
Falácias.
Lágrimas.
Sem ar, sem mar.

Vácuo.
Vazio.
Nada.
Estigmatizado.
Pragmatizado.
Eu sem mim.

Paulo Avila

PAIRANDO

Por aí
paira um tempo
perdido,
pérfido,
partido.

Tempo de loucos,
de horas marcadas,
de cartas na mesa,
de segredos revelados
sob o véu da pureza.

Tempo de saudosismo
e de incertezas,
de anseios e solidão
numa sala de cinema
ou numa mesa de bar.

Tempo de esperas
que não se pode mais esperar,
nem aqui nem em outro lugar,
pois a vida grita e, não-liberta,
quer se emancipar.

PARALISIA

Deixe-me aqui,
estou bem,
sozinho,
na inquietude que aniquila,
entre a tempestade e a calmaria.

Há flores brancas
no altar da desordem.
Um sorriso de soslaio.
Uma foto não tirada.
Um destino iludido.
Um ledo engano.

Apaguem de mim
memórias e lembranças.
Preciso esquecer
diários,
torturas,
maldades
e falsas benevolências.

Apaguem a minha infância tardia,
retrógrada e bastarda
como ervas daninhas
no cimento,
no coração descompassado,
na ilusão que cai
feito chuva.

Apaguem este acaso ocasionado,
esta triste vida que nasceu
sem testemunhas,

cataléptica,
epiléptica,
como uma paralisia temporária
que me persegue no sono:
fantasmas de mim em mim.

Acordo sufocado.
Ainda vivo,
transpirando
de frio.

SOCIEDADE PÓS-MODERNA

vestígios pelo ar impuro que respiro
na contradição da coerência absurda
que se faz um paradoxo
sócio-político-religioso-cultural

sou tudo
sou nada
sou milhões de células
microrganismos
vida e acaso
desespero e boas intenções

esperando o dia
de acordar
morrer
e ressuscitar
de um sonho bom
para a crueldade de uma realidade
que insiste em nos perseguir

no espólio das ilusões
no concreto das incertezas
em torno de ideais em queda
enquanto crianças brincam de ciranda
numa tarde sem sol

COMPLETUDE

Completo me sinto
diante de ti.
Pareço novo,
renovado,
apesar das marcas da vida
em mim.

Completo estou
pela tua presença,
encanto
que devora
minha carne
e revigora
meus sentidos.

Completo vivo,
com essa metade de mim.
Ressuscitado,
libertado,
sou gaivota que singra
ares e mares
em direção
ao teu horizonte.

(Minha casa,
minha vida,
meu destino.)

Sou agora completo
e bem-aventurado
onde estás.

PARTIDO

Maculei a alma
com vasos de flores,
incensos
e o teu sorriso.

A possibilidade
de encontrar-te
me deixou tão feliz!

Na solidão do quarto,
encontrei-me
a esperar por ti.

Sem tua presença,
falta-me uma parte,
um aparte,
um terço
de mim.

Sem tua presença,
restam-me
somente
rosários
e lamentos.

RESSURGIR

I
Estou aqui
no silêncio do quarto,
à meia-luz
que ofusca.

Há resquícios de um sol invernal
acariciando-me
bem de leve.

Estou num raro momento de lucidez
embora não me permita
abrir a janela.

Sem lágrimas
fecho os olhos,
entrego-me à doce ilusão ociosa.

Imerso em palavras e silêncio.

II
É tempo de estio.
O coração plantou sonhos,
mas colheu apenas ilusões.

A alma consentiu
e o corpo traduziu-se
em sono e cansaço.

Porém, é tempo de amar.
E, num doce sorriso,
ressuscito.

Acordo renovado,
tenho vida em mim
absorto em ti.

E, diante do teu olhar,
perco-me pelo ar,
vejo o mundo parar.

Paulo Avila

RAIO-X DA ALMA

I
Afago
as memórias esquecidas.
Um longo tempo perdido
deixou a alma enferrujada.

Das cinzas fez-se imóvel
a última quimera,
à sombra de prantos e ipês amarelos
que a luz desterra.

Impiedosa fera
que devora.
Ímpia doença
de outrora.

A um passo do arco-íris,
a solidão produz imagens
que nada dizem -
abstração da alma tuberculosa.

Sufocado o grito,
o choro compulsivo
aprisionado no peito
sem efeito.

Morta a flor
(símbolo da dor),
bate à porta
a esperança morta.

II
Etérea ilusão desnuda
que a tudo inunda,
sobrevive a cada vã descrença.

Desgraça pós-moderna
que a ânsia de vômito revela
como sobrevida anêmica.

Preâmbulos,
pêsames,
pêndulos,
desalinho
e caos.

Tentação sob os véus,
cabala dos aflitos,
a cada esmola,
a cada migalha,
a cada fala rebuscada
que se faz muda e incômoda.

Em farrapos,
a agonia das horas
de um relógio parado.

O ar adocicado,
cheiro de morte,
o frio que congela a pele.

Escuro e nada.
As janelas batem com o vento,
murmúrios longínquos
martelam o inconsciente,
a agonia insana
e tão demente.

III
Martírio em minh'alma
sedenta de vida.
Quero o eterno recomeçar
mesmo que fugaz,
na alvorada da insônia.

A alma indômita,
selvagem,
multiplica-se
em paródicas certezas
inverossímeis.

Fábula dos bandidos!
Retratação dos insubordinados!
Insultos glorificados!

Oh, vida insensata!
Renasceremos para o nada
na aurora que vaga
e infame nos cega.

IV
Minha flor,
tens beleza e força,
disciplina e sinceridade.

Tens beijos que me enlouquecem,
tens o sorriso mais belo,
a doçura que emudece.

Ah!
Quanto ainda temos juntos,
quanta vida,
quanta esperança,

quantos sonhos nos esperam
nesse trem da eternidade
que abarca o coração!...

Na experiência das borboletas,
voaremos assim,
libertos de juízo,
na essência apaixonada
que brota em nosso jardim.

Ah!
Quanta vida,
quanta beleza -
efemeridade do eterno
que habita em nós!...

Paulo Ávila

ALGUMAS (DES)INSPIRAÇÕES DA ALMA

I
As palavras gotejam,
tomam vida
pré-casulo.

A alma pueril
pastoril
de poeta
se manifesta.

A vida,
muito além da inspiração,
envereda-se por aí,
nuvem em céu azul.

Possivelmente
ardo em febre e paixão
por ter em mim
a delicada forma
da poesia.

Doce invocação,
incansável peregrinação
a cada verso,
a cada rima desfeita
pela emoção
de poetar.

II
Sonho.
Transpiro mais que o normal.
O sono se torna leve e inconstante.
A manhã fria acorda
e me acode
sem razão.

Levanto-me a duras penas.
Olho-me no espelho.
Não me reconheço.
Sou o mesmo, mas sou outro.

Envelheci?
Morri?
Decerto, não.
Porém, algo em mim mudou,
como numa alomorfia.

Sou cópia perfeita de mim,
infância tardia,
retrocesso,
pesadelo juvenil.

Prossigo em tantas mudanças
que venço o medo,
a timidez.

Reinvento-me.
Reparto-me.
Aglutino.
Tardo.
Ofuscado em memórias,
fantasmas
e tanto vazio.

Por fim, o que me sobra?
Eu.
Inteiro
em sonhos decepados.

III
Desfalece a última esperança.
O corpo cansado espera.
Sou forçado a resistir
à minha própria vontade.

Perece a fina flor
em terra árida,
imoral.

Enquanto se desterra o mito,
narciso
sem espelho.

IV
Crianças na calçada.
Sirenes.
Para casa,
todos para casa.

Ficção em tempo real.
É preciso vigiar
e dar as condolências
aos filhos da puta marginalizados,
não nascidos,
escarrados.

Triste fado.
Restos e trocados.
O pão nosso de cada dia não nos dai hoje.

Caiamos em tentação
de um mal do qual não nos livramos.

E fúnebre é todo grito
daquele que se perdeu
no mais sombrio,
no mais doentio,
no mais fundo de si,
com lágrimas de medo,
com o desejo abjeto,
com o hálito faminto,
sem passado, sem presente,
sem futuro aparente
enquanto a ciranda dos invisíveis
continua girando viciosamente.

V
Eu sei.
Minha poesia não tem sabor,
minhas palavras são duras
e sem pudor.

Não são límpidas,
nem apaixonantes.

Meus versos são imperfeitos
e sem ritmo algum.

Meus ideais são mundanos.
Minhas ideologias, transgressoras.

Mesmo assim,
apesar de tudo,
o amor transborda em mim
e em oferenda me faço teu.

Paulo Ávila

Intenso, o amor me devora,
suave, quase poético
capaz de fazer de mim
o que bem entender.

Sou teu,
no laço eterno
de uma breve primavera
a despontar diante de nós.

AMAR-TE-EI

mar
amar
amarei
amar-te-ei
mais que amanhã
mais que para sempre
mais que a mim mesmo
amar-te-ei

Paulo Ávila

PLURALIDADE

Procurei-me
despido de fugas
e aparências

encontrei-me
no íntimo de mim
disposto a sussurrar
à minha própria consciência

eu sobre mim

diverso
múltiplo
na pluralidade única
do meu eu

REFLEXÕES DA ALMA

I
Espectro triste de mim,
eu transfigurado
em um estado ermo da alma.

Ilusões infindas
de uma timidez incessante,
em tantas amarguras e privações.

Meus dias se repetem
na busca pelo arco-íris
em pleno inverno sem chuva.

Será apenas mais uma ilusão
ou são meus olhos de quimera
na madrugada febril que se fez gelo?

Sou um tolo, eu sei,
ouvindo tragédias e canções tristes
para me esquecer de mim.

Mas no fundo
é tudo uma forma
de me encontrar novamente.

II
Antes que a madrugada perca o brilho da aurora,
antes que o dia apodreça sem motivo aparente,
escrevo um epitáfio na lápide
dos sonhos tortos e adormecidos
sem ao menos deixar uma flor esquecida
no jazigo solitário.

Quantos caminhos deixei de percorrer
por medo e ausência de coragem,
esperança ou Deus...

Quantos deuses há em mim!...
Como eu poderia ser forte
sem os dogmas da minha criação tradicional.
Quero os riscos, os pecados, o pecado original,
quero o mundano correndo em minhas veias!...

Quero toda poesia que há no sem saber do universo,
quero toda quimera que se perdeu no caminho largo,
quero todo desejo que se foi por insegurança!

Dói a vida em silêncio
(uma vida que grita, que agoniza, que quer ser viva!),
uma vida que passa a tarde costurando
na cadeira de balanço no alpendre
esperando pelo pôr do sol que nunca vem.
(É um dia que agoniza sem fim.)

Não, não, não, não...
Nunca vem.
(Oh, infortúnios da solidão!)

III
Agenda tua morte tardia,
mas antes rasga tuas cartas, teus escritos,
incinera teus pertences, tuas memórias.

Vê que o tempo passa num segundo
que parece uma eternidade.
É preciso voar,
perder-se de vista,
ser levado pelo vento,
pelas lembranças.

É preciso desejar
a liberdade pós-abolição,
a santa virgindade
de um futuro impuro.

É preciso calar
as vozes na mente,
sossegar no peito
toda a opressão.

É preciso lembrar
que amanhã virá o sol.
E se não vier
o que faremos então?

Ressurgiremos
após a tempestade inventada
pela bruma de uma ilusão proibida.

IV
Hoje seria um péssimo dia para morrer
e um dia quase perfeito
para se viver de solidão
e migalhas de poesia
em meio à turbulência
quando se pode inventar um céu
e um Deus só para si.

Lágrimas são rios,
mas sempre secam
em olhos que se tornaram incrédulos.

Sinto pena.
A mão trêmula.

As palavras me escapam,
vacilam,
duvidam de si,
fingem ser música,
procuram a musa,
ferem a alma.

A alma...
Ah! A alma!...
seca e amarrotada,
embalada pelos momentos vãos,
pelos imortais,
pelos poetas,
pelo consolo,
pelo abrigo,
pela maldição
de querer e não poder ser
poeta
e traduzir-se
em versos livres e brancos,
rebeldes,
libertos da austeridade
da métrica e dos ritmos.

Por isso sigo arrítmico,
errante por escolha,
arauto,
demônio,
vendaval
que destrói telhados
e cabelos de moças vaidosas.

Ah! Sou alma e coração
a pulsar por tantos descaminhos,
preso à minha alma gêmea,
único consolo pós-ventre,
âmago,

deusa,
anjo.

Oh, Deus!
Revela-te pela poesia,
liberta-me da agonia,
sem freios e teologia,
num culto pagão à flor.

A flor...
debilidade do poeta tuberculoso
em tempos pós-modernos.

A vida me sorri:
este é um grande dia.
Ergo-me capaz e renovado.

(Um avião sem direção cruzou o horizonte
em queda livre contra meu destino.
Ah! Quanta vida útil eu poderia ter sentido
em minhas entranhas!...)

Talvez amanhã
recolham-se os restos
e façam remendos
da vida.

Talvez amanhã
ou depois de amanhã
amanheça
(levando embora a maldita lembrança
desta penumbra!)
e eu esqueça o futuro do pretérito sem fim,
que se fez em mim.

Paulo Avila

ALGUNS ESTADOS DA ALMA EM VERSOS

I
A alma agoniza, sente medo...
Sonhos mortos se espalham pela estrada.
Sem inspiração, prossigo desanimado.

Cantos e contos pelos cantos.
Modernidade envelhecida em retrocesso
em mim, em ti e em quantos mais de nós?

Sem triunfo, persisto,
insisto
mas a vida é uma grande piada.

II
Acordei incrédulo,
ainda crente,
desfeito em amarras.
Caótico
e católico.

Cético contrito
em orações mundanas -
corpo,
seios,
pernas,
sexo,
anjo.

Vênus,
Virgem Maria
devaneando em mim.

III
Decerto sou várias almas.
Talvez por isso eu não saiba ao certo
quem eu sou.

Estranho-me no espelho.
Desejo palavras mudas,
silêncios incômodos,
pecados e absolvição.

Caminho por estradas vadias,
afundo os pés no lamaçal
do jardim de flores outrora vivas
(hoje mortas e enterradas em meu túmulo futuro).

Sem graça,
perpetuo sonhos e quimeras.
Esquecido e deixado à margem de mim
promovo a revolta dos que foram ignorados.

IV
Para mim, o tempo se fechou,
parou,
mudou de estação
e partiu.

Para mim, o frio ficou,
esmagou algumas flores baldias,
congelou o sol que havia em meu coração
e me beijou os lábios dormentes.

Para esta vida, preciso mais que uma garrafa de vinho,
mais que um palavrão,
mas a taça quebrou
e a boca emudeceu.

Para esta vida, basta-me o embriagar-se de quimeras,
a morfina moral que enternece
e o legítimo paliativo para a dor:
a própria dor.

V
Não, não sei de nada.
Tenho certezas de que duvido.
Tenho um nome que já esqueci.
Tenho uma vida que não é minha.

A porta bateu.
O vento tornou-se agressivo.
Pensei em nada, e o nada se fez em mim.
Por fim, fugi como quem foge de si.

Não há mais palavras.
Os mortos estão todos mortos.
De um coração desenganado
restaram somente as mentiras contadas.

Fecho os olhos e adormeço.
Esqueço quem eu fui e o que me tornei.
Faço de mim o distante mais próximo
e me vejo muito longe de casa.

VI

Escureceu.
Fez-se luz em mim
na solidão das palavras que hibernam
e brilham num breve universo de estrelas.

Quero o vazio
e uma canção bem próxima
que não para de tocar
em algum lugar distante de mim.

Talvez seja só a voz do silêncio,
a voz que ecoa no fundo do coração,
a voz de uma alma esgotada,
a voz de alguém que implora,
a voz que aos poucos
se cansa,
se cala
e fenece.

DESPERTAR

Gritei
no fundo do meu silêncio.

A poesia,
como torrente,
tempestade,
vendaval,
acordou em mim.

Ressuscitei na quaresma.

JAZIGO

Descansei
à sombra de um sonho,
desperto,
incerto,
com um sorriso
meio desanimado,
meio triste,
meio forçado.

Tudo
foi apenas
uma breve lembrança
que deixou
a alma
mutilada,
meio livre,
meio trágica,
meio aprisionada.

Afinal, morri
mas ainda me sinto quase vivo
na diáspora que separou
meu corpo do meu pobre coração.

(Aqui jaz o sonho irrealizável.)

Paulo Avila

PÓS-MODERNIZADO

Mar em amarras se alastrando
Navegando
Singrando sangrando ensejando
Uma luz muito além a depor depois do sol
Quando só há solidão
Imaginação
Ilusão
Entre escombros encobrindo a face rubra de
um rude rubi
Tanto gosto que se faz desgosto
Destinando destinos remotos descontrolados
Na queda de quem se quedou e se fez pedante farsante
Entre estradas e abismos e absintos
Abismado
Asfixiado
Derrotado
Pós-ressuscitado
Sem identidade/ideologia – em tudo e ao mesmo
tempo nada
Numa escatologia dos sentidos feridos apodrecidos
Sendo vendido comprado semântico-pragmatizado a
perambular
No pêndulo hesitante fugaz do instante
momento mutante
Pós-modernizado

AMOR POSSESSIVO (EM TRÊS ATOS)

Ato 1:

Amavam-se. (Amavam-se?)
Ninguém sabia ao certo.
A doença da posse assolara o coração do casal.

Ato 2:

Brigavam.
(Brigavam? Mais que isso: dilaceravam-se.)

Ato 3:

Última discussão. Lágrimas. Ofensas.
O menino matou a namorada por um ciúme banal.
Em seguida, arrependido, pulou da ponte Rio-Niterói.

Paulo Avila

EM BUSCA DA INSPIRAÇÃO

Rabiscos soltos no papel,
palavras a serem ditas
ainda sem vida.

Folhas amassadas,
dispensadas e jogadas
na lixeira.

A inspiração teima em fugir
enquanto a caneta aguarda
ansiosa
a magia de um verso
que ganha vida no papel.

As mãos vacilam, tremem...
Eis o drama do poeta
que deseja criar,
mas não consegue.

Fica o silêncio
ecoando alma e coração,
poesia que grita em desespero
nos pântanos da criação.

E quando menos se espera
faz-se luz em meio a trevas
na loucura da consciência.

Os versos surgem finalmente,
pululam no papel livremente
como por obra de um milagre.

Trazem magia e encanto,
como água pura da fonte
embriagando de paixão
o seu desejo puro e voraz.

O poeta,
em todo o tempo,
busca incansável
a eternidade.

ÚNICO / UNIVERSAL

Denuncia estereótipos e falsas definições de ti.
Egolatra-te.
Ninguém te amará mais do que tu a ti mesmo.
Podes e deves ir adiante.

Enfrenta o mundo.
Sê o teu próprio espelho e reflexo.
Descarta as aparências.
O que dirão de ti não importa.

O que importa é o que és
e o que farás sem permissão alheia.

Sê único e universal.

LONGE DO PARAÍSO

Pareço não existir.
Nada mais tem importância para mim.
Nada mais faz sentido em minha vida.

Sem ti não quero alcançar o céu.

Paulo Ávila

POR TODA PARTE

No céu,
no ar,
no mar,
na flor,
na esperança...

Estás por toda parte,
em tudo o que vejo,
em toda beleza,
em tudo o que existe.

Estás eternamente em mim.

FRIO, FRIO...

Gotejam
algumas lágrimas
no olhar triste
que silencia.

Eu sou muitos
sentimentos,
muitos sonhos
num só rosto.

Só que sozinho
sinto muito frio...

Paulo Avila

AMOR À PRIMEIRA VISTA (EM TRÊS ATOS)

Ato 1:

A menina olhou para o rapaz.
O rapaz parou o seu olhar na beleza da menina.
Apaixonaram-se como nunca havia acontecido antes.

Ato 2:

Aproximaram-se.
Um sorriso.
Poucas palavras trocadas.
Timidez. Rostos afogueados.

Ato 3:

Beijaram-se num beijo ardente
que selou aquela paixão sem explicação.

NO SILÊNCIO

Silencio a alma
e me entrego ao abandono
na paz vazia
de uma solidão tardia.

O vento me acalma
na tarde cinza.

Será que enlouqueci?

Paulo Ávila

PROCURA-SE

Ando à espreita,
à procura de mim,
mas não me encontro.
Onde estou?

Procurei
no desabrigo,
na lama,
nos lírios mortos.

Não me encontrei,
embora me veja por aí,
espalhado por toda parte,
bem longe de mim.

DELÍRIOS DO POETA APAIXONADO

Aflora em mim o odor agonizante
da paixão entorpecida
como flor recém-nascida
à espera do beijo do beija-flor.

Sem abrigo, me vejo aparentemente exposto,
desbravando segredos do coração.
Na timidez das palavras,
produzo metáforas inocentes,
algumas pétalas e versos-borboleta.

Na insensatez e na delicadeza de um toque,
a pele reveste o corpo de mistério.
Obstinado, sigo como o girassol
amando por entre nuvens.

Sinto e escrevo.
Pareço brisa leve na primavera
brincando no rosto da menina,
como num sonho maravilhoso
do qual não se quer mais acordar!...

DEVANEAR

Desabrocha o amor
púbere
no coração apaixonado.

Puro,
reflete a magia
que não se perde,
não perece,
não se esvai.

Devanear!
Ter corpo e espírito puros,
beijar a matéria oculta do desejo,
fechar os olhos por puro prazer!

Devanear!
Somente devanear!

ETERNO

Quero deixar uma história
e ser eterno pela palavra.
Sim, serei eternamente eterno
por tudo o que ficar.

As palavras têm poder,
têm fascínio,
falam por si mesmas,
transformam corações
e podem mudar
o mundo,
o futuro,
a humanidade.

As palavras parecem de carne,
têm sangue,
são apaixonadas,
apaixonantes,
podem construir,
renovar
e destruir.

Quero
agora
e por todo o sempre
permanecer na história
pela palavra
por mais simples
que seja.

AMOR ETERNO (EM TRÊS ATOS)

Ato 1:
Conheceram-se ainda jovens.
Começaram a namorar.
Compromisso.
Mãos dadas.

Ato 2:
Juraram amor eterno diante do altar.
Até que a morte os separe.

Ato 3:
Envelheceram juntos.
Os filhos visitam o casal aos finais de semana.
Os netos correm felizes no quintal.

SOPRO DO VENTO

Não tenho direção.
Apenas me acostumei
com o sopro do vento
que leva as pétalas
da roseira morta
para uma nova estação.

Paulo Ávila

ETERNIDADE

Diante
de ti
esqueço
o tempo:

pareço eterno.

AMPULHETAS DO TEMPO QUE SE PARTIU

Quando as ampulhetas do tempo chegarem ao fim,
verei os dias se passarem
em amarras,
sonolentos,
como se tudo fosse obra do acaso
entre o querer e o desejar
um novo início
que não vem.

Quando os olhares deixarem de lamentar-se
ao verem partir o trem das ilusões,
darei um último adeus,
fecharei os olhos,
e descansarei
em paz.

O sino toca ao longe,
longe de tudo o que parece real.
Mas o que parece realmente real?
Serei eu, que abro e fecho os olhos,
que canto desafinado, que leio feito louco,
que trabalho e escrevo por compulsão?

Ou será um outro eu,
que faz meu dia ser eterno,
etéreo,
com cheiro de éter
e de enfermaria
(convalescente das palavras desconexas,
talvez excesso de sono e de delírios)
em dias de primavera doente

e seca,
réstias de sol
e de chuva passageira?

Emudecido pelo tempo
que, em espasmos,
perde o controle,
tira-me a sanidade,
brinca de castidade,
rouba-me a inocência
e a infante decência
que se abarca no beijo
e se pendura
ou perdura
nos ponteiros,
nos desvios
do destino
que fabricamos
por conveniência
e alguma prudência.

Quebra-se o espelho
e está desfeito o mito de Narciso.
O eu subjetivo retalha-se em perjúrios
e romantismo tuberculoso
em estado terminal.

SIMBOLOGIA DESNUDA

O céu, amante do mar.
A flor, amante do beija-flor.
A poesia, amante do poema.
A musa, amante do poeta.

Sou o mar e tu, meu céu,
deságua teu infinito em mim.
Sou o beija-flor (oh minha flor!),
e provo de quando em quando
a doçura do teu beijo.
Sou o poema, minha poesia,
e teu corpo e alma me inspiram.
Sou o poeta, minha musa,
o teu poeta apaixonado,
e todo amor por ti exprimo em versos!...

Paulo Avila

DESABROCHAR

Estou inteiro novamente,
amante do amor
personificado
no anjo mais belo
que o sorriso revela
em flor e criação.

Repleto de desejo,
de pureza
e sentimentos
que inundam minh'alma.

Existo,
existes,
estás em mim
numa canção de vida
que alegra meu corpo.

Somos carne e espírito,
beijo e instinto,
pétalas ao vento,
segunda pele.

Desabrochando
perfumaste minha vida.
Teu corpo, meu jardim:
adormeço, provo, devoro,
faço-me novo, além do limite,
saciado no teu mar infinito.

TRANSFORMADO

Sinto em mim um desejo
de poeta adolescente,
acordando para o amor.

Sinto em mim delírios,
vestígios, saudade
e o teu perfume
por toda parte.

Faço dos meus dias
completa fantasia
em harmonia.

Apresento rosas
diante do teu altar,
provo da inocência,
invólucro de todo pecado.

Sonho acordado, fascinado
diante da essência
do teu mistério revelado.

Sinto-me em ti renovado,
pela paixão transformado,
no ângelus anunciado,
em pétalas eternizado.

Paulo Ávila

POR INTEIRO

Teu corpo,
santuário sagrado.
Teu colo,
salvação de minh'alma
sedenta por libertação.

Teu rosto,
alívio no furor da tempestade.
Tua voz,
pureza que acalma o meu ser
e me devolve a paz.

Na fortaleza dos teus braços
tenho proteção.
Sinto-me criança
sem pecado,
pensando em pecar.

AMOR SEM VÉUS

Amo a tua pureza de anjo,
o teu sono em meus braços,
a tua luz dentro de mim.

Faço-te carinhos,
descubro segredos,
brinco com os teus cabelos.

Teu corpo,
tua pele...
meu santuário.

Sem véus
reflito o amor que me sacia
no fundo do teu olhar.

Paulo Ávila

ÉS A VIDA

És o anjo
que me vela,
me protege,
me acalma,
me faz descansar,
sossega meu coração.

És tudo o que desejo
todos os dias,
por todo o sempre.

És o meu sol,
o meu céu
de estrelas cintilantes.

És a lua
em suas tantas fases,
a paixão florida
em plena primavera.

És o meu amor,
meu sonho de olhos abertos,
pureza e encanto,
magia e descanso,
fortaleza e recanto.

És a vida
que brilha alto,
radiante de beleza,
como flores no jardim,
perfumes de jasmim,
desejos sem fim!...

DIVINDADE

Eternamente
sente
consente
em mente.

Imanente
em mim
por todo
sempre.

Querente
e tão crente
num culto
à tua divindade.

Flor
anjo
arcanjo
serafim.

Vida
que instiga
que provoca
e me enlouquece.

Frio que aquece
fogo que arrepia
alma e coração
corpo e sedução.

Paulo Avila

Perdido na loucura
no delírio do toque
nos lábios unidos
em salvação.

TENHO DIAS

Tenho dias em que sou do mundo
e outros em que sou só meu

Tenho dias em que sorrio
e outros em que choro

Tenho dias em que grito
e outros em que silencio

Tenho dias em que amo
e outros em que desamo

Tenho dias em que faço tudo
e outros em que deixo tudo por fazer

Paulo Ávila

EU EM MIM

Senti-me triste,
meio do avesso,
mais imperfeito,
menos ponderado,
feito de incertezas,
preso ao passado,
solto pelo ar,
diante de tudo,
distante de mim.

CINZA

A chuva que cai
me deixa introspectivo.
A saudade deixa em meus lábios
um gosto diferente.
Parece lágrima.

Perco-me na ilusão cinza da vida.

Paulo Ávila

GERMINANDO

Há vida através dos meus olhos
que perpetuam a beleza das flores murchas.
Há um dia maravilhoso diante de mim
que ainda desconheço.

Sinto o frágil germinar da vida
na aurora de cada dia.

TOQUE DA ALMA

Sinto o teu perfume
quando o teu sorriso se espalha
pelo ar.

Tua beleza suave
é minha
e de mais ninguém.

Ratifico o meu amor
a cada flor,
a cada nova estação,
na inquietude do coração.

Espelhamos o nosso beijo
no toque íntimo da alma,
que consentimos
eternamente
em nossa união.

SENTIMENTO

Sinto-me impotente diante das tragédias da vida,
diante das pessoas sofridas que caminham sem destino
à procura de dias melhores,
de um sorriso, de um pouco de compaixão,
de calor humano e atenção.

Sinto-me um na multidão,
na geleira dos sentimentos dos que vão e vêm por aí
com as suas fisionomias que se fazem cinza e sem vida.

Sinto-me morto por dentro
enquanto todos estão mortos-vivos para o mundo
e não se dão conta disso.

Sinto-me eu mesmo,
e sangro,
sofro,
sozinho
em desvario.

Sinto-me vazio
num mundo sem sol,
sem vida, sem perspectivas,
com flores de plástico
na sacada dos prédios dos suicidas
e das crianças tristes que não podem brincar lá fora.

É perigoso, sinto muito.
Não entre na contramão,
é perigoso.
Sinto muito.

É um sentimento que se universaliza
no eu lírico alucinado e esfarrapado,
como um sofrimento em massa,
um anestésico,
um ópio para o povo,
um carnaval fora de época
que encanta os miseráveis.

Estamos sem destino.
Sinto muito.

Sinto.
Sinto.
Sinto.

EXCLUSÃO

Sou fragmento.
Excremento.
Vários e ninguém.
Muitos e nenhum.

Sou feto.
Aborto.
Folhas secas
sem destino.
Coração
em silêncio.

Sou o grito
da alma.
O medo
do claro.
A companhia
solitária.

Minha sentença:
culpado.
Sem defesa.
Sem direito.
Morto e enterrado.

EMPATIA

Quero chorar a dor dos que sempre perderam,
dos que nunca foram felizes por trás das máscaras,
dos que morreram em tragédias,
dos pobres desvalidos,
dos que vivem na miséria,
dos que se esqueceram de sonhar
e dos que passaram em branco pela vida.

Quero chorar todas as minhas lágrimas
pelos que tiveram os seus direitos negados,
pelos simples e humildes de coração,
pelos que foram jogados pelos cantos,
pelos que perderam a razão de viver,
pelos condenados ao silêncio
e à exploração.

Não há mais nada
em lugar algum
somente almas de cimento
enfeitando a fria cidade de corações congelados.

EM UNIÃO

Há tanto conforto nos teus braços
e segredos nos teus lábios
que ainda hei de revelar
nos beijos, no desejo,
no sentido mais profundo
entre a razão e a emoção,
entre o amor e a paixão.

Há tanto sonho em ti
que tenho até medo de dormir,
perder-me, perder-te,
esquecer quem sou ao despertar.

Há tanta graciosidade no teu rosto
e tanta beleza no teu corpo,
no teu toque,
que morro em ti,
renasço,
alcanço o nosso céu particular.

Há uma felicidade realizada e prometida
e tantos sinais no olhar
que falam pelo corpo,
exigem prazer,
muito mais que o limite,
mais que o excesso, o excedente,
mais e mais,
novamente.

Há dedos, mãos, união
e uma beleza imaculada que não se perde;
há noites serenas, tempestades amenas,
tantos pensamentos,
direções opostas que se encontram.

Há o que há e o que deve haver
em mim, em ti, em nós,
sem nós, sem medo, sem pecado,
fúria acalmada, amálgama,
no corpo, na alma, no coração.

Entrelaçamo-nos opostos em sintonia imediata,
rendo-me, presto culto à tua divindade,
dividido em dois, em três, em quantos mais
até o dia em que nosso amor acasalado
explodirá sem casca, em gozo, em paz.

E dentro de nós só haverá nós dois.

Paulo Avila

DE PASSAGEM

Parem tudo, por favor:
parem as guerras,
parem as discussões,
parem as vozes confusas,
parem tudo.

Estou passando.

A PRIMEIRA VEZ

Acanhado,
atento ao olhar.
Tímido,
com as mãos trêmulas
nas tuas.

Ah,
nunca esquecerei
a primeira vez quando te beijei!...

Paulo Ávila

INCERTEZAS

Sem amor,
sem pátria,
sem sonho algum.

Um mundo se faz completamente às avessas
e celebra desgraças à luz do dia
sem culpa,
contando em vão os mortos e os feridos.

A esperança foi esquecida:
ela não está aqui há muito tempo
(ou não se pode mais vê-la...).

Terra seca,
coração ferido,
insensibilidade à flor da pele.

O futuro é incerto.
Mas quem sabe amanhã o amor renasça...
Quem sabe outro dia...
Quem sabe...

ESTADO DE GRAÇA

Quero-te
como o cego quer a vista.
Quero-te
sedento, por toda a vida.

Quero-te
com a alma renovada,
o coração mutilado,
a razão despetalada.

Quero-te,
perfume do meu jardim.
Quero-te,
minha flor, meu jasmim.

Da alvorada ao pôr-do-sol,
uma eternidade apreciada pela janela.
Ao teu lado, mais que perfeita,
a tua beleza com simplicidade se esmera.

Sonhar assim parece tão real,
profundo como o teu olhar,
encantador como o teu sorriso
que se faz sem mistérios, ao luar.

Quero-te
até o fim.
Quero-te
em mim.

Quero-te
bem assim:
inteira, bela,
meu querubim.

Quero-te
na plena saudade,
no descuido do sol,
em liberdade.

Agora, no instante que vem
e nunca mais será,
na essência
que sempre vai germinar.

És musa e deusa que me enlouquece.
Desperto, meu corpo transcende
à tua voz, ao teu perfume de mulher.
A alma, em estado de graça, consente.

EU FRAGMENTADO

I
Sou eu, paradoxo de mim.
Alma livre,
romântico pós-moderno.
Único e diverso,
entre o caos e a beleza de cada dia.

II
Sou milhões em um.
Vários e nenhum.
Alma e coração.
Feito de carne, ossos, coração, nervos e sentimentos.
Imprevisível.
Sensível ao extremo.
Tímido.
Sincero.
Amante e escravo apaixonado das palavras.

III
Sou nuvem e tempestade.
Olhar e paisagem.
Milhões de sentimentos que compõem
o que fui,
o que sou
e o que serei
numa complexidade insana e bastarda.

Paulo Ávila

COISAS DO TEMPO

Tem tempo que o tempo passa
por aqui.

Tem tempo que o tempo me deixa
com um aperto no peito
e com um nó na garganta.

Tem tempo que o tempo é promíscuo
assim como o vento que venta
onde quer.

E tem tempo que o tempo se vai
e me deixa ficar
sem nada me falar.

Ah, são coisas do tempo!...

FORA DO TEMPO

Acordo disperso,
discreto,
ansioso por nada.

Sinto que o tempo
não faz parte de mim.

Tenho um dia particular.

Paulo Ávila

ESPÓLIO

Deixarei vestígios
de tudo o que fui,
de tudo o que fiz,
de tantos lamentos,
de tantas esperanças,
de tantas lutas,
de tantas vitórias,
de tantas derrotas.

Deixarei roupas,
livros, discos e dor;
deixarei sonhos, anseios
e palavras minhas,
só minhas!

Deixarei dívidas,
remorsos,
talvez alguns bens materiais.

Deixarei um canto
que jamais cantei na vida,
deixarei principalmente
a minha alma registrada
em versos.

PINCÉIS

Apago o dia
como se tivesse feito um desenho
que saiu borrado.

E entre o colorido das coisas
e o rascunho da vida
amanheço renovado.

CONSCIÊNCIA

Não tenho nome,
não tenho raça,
não tenho pátria.

Amo os vícios,
prolifero o ódio,
destruo os valores.

Eu me chamo você.

GENE

na carne
o relho
o açoite
os sofrimentos
transpassando
a alma
no passado/
           presente

Paulo Ávila

IRONIAS

Amar
é fácil,
ser amado
é que não.

PLENITUDE

Quero o meu amor
por ti
eterno.

Em plenitude,
duas partes,
completo.

Navegando
entre sol e lua,
etéreo.

Exuberante,
num instante
inédito.

Paulo Avila

SENSABOR

Tenra idade
já amadurecida.
Fotos recentes,
fronte enrijecida.

O olhar
num recanto,
numa estação.

Os lábios,
num beijo,
numa doce ilusão.

No relógio,
o querer,
o ser,
o sentir
indiferente.

Cascas, folhas secas.
Marcas do que ficou
e do que virá a ser,
sem ser,
sem saber.

Dor...
doa a quem doer,
sem favor,
pelo interior
sensabor.

DESPEDIDAS

... e as pessoas vão passando
                vão sorrindo
                vão chorando
                vão amando
                vão sonhando
                vão chegando
                vão partindo
                vão dizendo
                            adeus

EPÍLOGO

Tendo sido rasgado o coração,
sobrará tão-somente a alma caduca,
essa fortaleza de provações.

O tempo resistirá,
o olhar enrugado consentirá,
a vida seguirá o seu rumo, a sua sina.

Mas qual seria o rumo?
Um dia em alto-mar?
Uma vida sem destino?

Mas qual seria a sina?
Um coração sem esperança?
Os resquícios de mim?

Não sei ao certo.
Sou adolescente
na fase adulta.

Por isso, esqueço os versos,
as palavras ditas ao vento
com pretensão de poesia.

Tudo será passado,
e por fim a mentira
dará lugar à verdade.

A verdade
nua e deslumbrante
virá ao nosso encontro.

Não se sabe quando,
não se sabe onde.
Só o tempo dirá.

ALGUNS VERSOS AVULSOS

(encontrados em algum recanto escuro
e desconhecido da alma)

CÉU DE SANGUE

Respiro fuligem e solidão.
Sinto-me assim:
um na multidão,
flor no concreto,
pássaro sem direção,
sem ninho,
sem norte,
sem verão.

Aspiro à glória em decadência.
Sinto-me assim:
passado recente,
descrente inveterado,
sobrevivente do Vietnã,
sem pernas,
sem pátria,
sem nada.

Pária do mundo,
parte do todo,
multiplicado,
partido,
excesso,
regresso,
ordem e progresso
em uma bandeira desbotada.

Passos ficam para trás
e paisagens que passam
levam meu olhar.
E eu aqui permaneço,
incrédulo,
imóvel,
entre o desespero
e a candura do fim do mundo.

UM ÚLTIMO OLHAR

Perde as esperanças,
por favor.
O passado passou,
o futuro não vem.
E o presente?...
Ah, esse não me diz mais nada!...

Corre por caminhos obscuros,
derrama lágrimas
(as suas últimas, por sinal)
e escreve uma carta
(suicida, amorosa, de saudade, não importa).

O tempo passará como um pesadelo doce,
após o amargo da dúvida,
como se oca esta vida fosse.

Certezas nunca teremos.
Morreremos um dia,
numa primavera melancólica
cuja brisa acaricia as folhagens ainda tenras.

Sim, morreremos numa primavera
(que bela estação para morrer!),
sem glória,
sem flores,
sem dores,
sem história.

Apenas uma canção triste
será nossa trilha-sonora
em compassos fúnebres,
sem sintonia,
sem amanhã,
numa despedida
serena,
sincera,
suave quimera.

EMPOBRECIDO

Venta sem ventar,
sofro sem sofrer,
morro sem morrer,
falo por falar.

Rimo pobremente...
Pobre de mim!
Em palavras me vejo dormente,
como se estivesse doente.

Perdido para o mundo
resta-me viver com pesar,
na cerração de um sonho recolhido
cansado de esperar.

CANSAÇO

Cansado.
Triste.
Um mundo nas costas;
nas mãos, uma prece.

Em voz alta
emudeço
um grito
morto
pós-
mim.

Paulo Ávila

QUEDA LIVRE

Estou
em queda
sem anjo e quimera.

Mas quando
virá
o dia?

Quem
me dará
sombra?

Numa futura
primavera
severa,
descanso
sob a tempestade
e dou-me enfim
sossego e paz.

Em êxtase,
quase extenuado,
mutilo-me,
isolo-me
de tudo,
do mundo,
inclusive de mim.

E em queda livre
despenco
ao topo do abismo.

SOBRE O CHÃO VERMELHO-SANGUE

É bom sentir-se feliz por estar triste
para que assim se possa escrever
versos-tragédia,
versos-miséria,
versos da alma,
versos que ninguém jamais irá ler,
versos meus,
versos teus,
versos nossos,
escondidos no esgoto fétido,
na agonia do silêncio revelado pela aurora.

Paulo Ávila

FIM

No estio
que me aborrece,
sou esguio.

Tenho um semblante triste
sob um céu lilás
flamejante.

Prossigo
cantando
desafinado,
descalço,
ferido.

Ao longo do caminho
fiquei para trás.
Parei.
Pensei.
Fiquei abismado,
estarrecido,
estagnado,
instável
diante de um abismo.

Meu choro é seco.
As lágrimas, secas.
A boca, seca.
O olhar, seco.
Eu, seco.

Redundante.
Andante.
Tão desanimado
que seria uma bênção
se,
neste dia em que crianças inocentes
brincam despreocupadas
no jardim,
o mundo acabasse
ao menos para mim.

Paulo Ávila

FEBRE

Seguem os medos
pelo caminho trágico.
A estrada se parte,
reparte,
enquanto penso,
peno
e peso
pesares,
pulsando os nervos de minh'alma
fervente,
incandescente,
em delírios de uma febre
que não passa.

TÊMPERA DO TEMPO

Poucos são os sonhos,
e parece que alguns pecados
foram jogados ao vento, ao acaso.
Pela janela, dou adeus e faço algumas despedidas.
Tudo está tão normal,
tão tranquilo,
tão irreal.

O vento venta pelo vendaval violento,
levando as folhas do outono
para outra estação.

Emudeço segredos
e deixo brotar uma lágrima
seca.

Penso.
Reflito.
Despedaço-me.

Retrocedo
ileso
são e salvo.

Ainda assim
desfaleço
e acordo
do sonho
de um sonho
de outro sonho.

Regurgito em transe,
em tantas pequenas desarmonias,
em alguns traços do que foi perdido.

Pardo,
parco,
passo,
pasto,
opaco.

Separado.
Mórfico.
Intuitivo.
Boçal.

Catastrófico,
insano e são,
desfaço reparos,
cortejo o que é orgíaco
e demoníaco
em uma solene catedral.

Vejo sem enxergar.
Extravio rotas
e rosas
roxas
em postais.

Extravio-me do certo,
amo os marginais,
os heróis do absurdo,
os anjos da morte eterna.

Abraço o erro,
a falta de virtude,
o desregro,
a barba por fazer
diante do espelho
e dos estilhaços
desta vida.

Na insônia adormeço.
Pondero.
Busco limites
no infinito que se abre
para além da janela do tempo.

Sou louco,
poeta,
ladrão de rosas de santos
no altar.

Ínfimo,
ignóbil,
anônimo,
desconhecido
e tantas vezes desprezado.

E, ainda assim,
num momento derradeiro
de lucidez,
faço-me novo
de novo,
envelhecido
e enrugado
pelo tempo –
esse senhor senil e caduco
que me aprisiona em histórias
de um passado-fantasma.

Paulo Avila

INTENSO

O sol a pino,
mas o coração em queda,
na perda de sono,
na ressaca abstêmia,
na nevralgia
que fere a alma.

Sim,
o coração está em queda,
tenso
e tão intenso,
entre
tantos achados
e perdidos
de uma lembrança
dolorosa
e intencionalmente
esquecida.

ADORMECIDO

Peno,
penso
e tento esquecer.

Despenco
do alto do prédio
das ilusões
derradeiras e passageiras.

Ouço o tilintar da goteira na pia,
a monotonia do relógio,
os cães que ladram nas ruas frias e desertas.

Ouço.
Só ouço.
Só peno.
Penso.
Despenco.

Desfiguro a imagem
que tantos têm de mim:
ela é falsa
e não convém.

Antes promovo desordens,
mancho a pureza
com pedaços de pecado,
como se fosse um pouco de lama
jogada por algum menino de rua
no lençol branco que estava no varal.

Paulo Ávila

Ah!...
Adormeço em pesadelos,
em paralisia do sono,
em paralisia moral,
em infortúnios
e vagas lembranças
de um estranho a mim
que sempre me acompanha
e sempre fui eu.

E sem encontrar
para mim
o que se possa aproveitar
só me resta adormecer
e esperar
este tempo,
esta vida
desmoronar.

ANOITECER DE MIM

Me fiz refém de mim
em algum recanto da alma.
Sem receios.
Com tantas recaídas.
Compondo um réquiem tão triste
para o meu sonho despedaçado.

Por fim,
catei os restos do dia
e permaneci
mudo,
imóvel
e ponderado no mais fundo
de um coração rebelado,
ateu
e selvagem.

Era já manhã
mesmo sem sol
quando eu finalmente anoitecia.

Paulo Ávila

SONHO PUERIL

Meu sonho
    de
     criança
     tímida
    des
      pen
       cou-
        s
       e

     r
    o
   l
  o
u
 e
  s
   c
    a
   d
  a

   a
  b
  a
  i
 x
 o

como
uma

```
    o
b       l
    a
```

que
se
perde
no
t e m
    p
   o
em câmera l e n t a...

Como um
trem (trem trem trem trem)
que
se
v
  a
    i
e
não
volta
m
a
i
s...

Paulo Ávila

INVERNO SEM FIM, INVERNO EM MIM

Nada vejo.
Pareço qualquer um
na multidão de solitários.
Parece de vidro o céu
partindo-se sobre nossas cabeças.

E abaixo de nós?
Não sei.

Há tantos rostos
que parecem incrédulos
indefinidos,
deprimidos,
soturnos.

Noturno,
caminho só.

Caminhamos sós.
Estamos a sós
em profusão
e em tanta solidão.

Restaram somente flores
doadas por engano
que me deixaram enfadonho.

Prossigo
sem destino
e acato ordens
que não me deram.

Sem pormenores,
a minha vista cansada
descansa
sob o luar.

Mas não há lua
nem estrelas.

Ao relento,
tudo é frio,
tudo é cinza,
tudo é vento,
tudo é chuvisco.

Ainda é inverno
em mim, em nós,
em todas as estações.

E nada podemos fazer.

DESPIDO

2013

Ah! Quanto desejei por este momento fugaz
esquecido no tempo moribundo
que me persegue despido de luz,
sonhos, culpas e utopias.
Encontro-me repleto e despido de mim...

DUAS ESTAÇÕES EM MIM

Desfolho-me no outono
e renasço na primavera.

DESPIDO

Despi
a palavra
nua e crua
em metáforas
e luzes diáfanas
na escuridão de mim.

Descri
o homem
que se fez
pobre e voraz
sozinho e incapaz
nos pântanos de mim.

O PORVIR QUE NÃO HÁ DE VIR

Em trapos,
a alma parece cansada,
alucinada
ao som do nada.

Em farrapos,
a vida parece triste,
em riste,
e, tão só, insiste.

E o dia se vai
levado pelo vento,
pelo envelhecido tempo
de que em vão me alimento.

E nunca mais
será ouvido o canto
que, perdido o encanto,
deixa em cacos o homem santo.

Paulo Ávila

INSÔNIAS

Dias amenos,
a menos,
ao menos.
Tenho medo.
Ando recluso
entre um sono intranquilo e uma noite sem dormir.

QUASE VIDA

Quase.
Quase sucesso.
Quase gente.
Quase cidadão.
Quase algo.
Quase vivo.
Quase vazio.
Quase eu.

Paulo Ávila

INFORTÚNIOS DA ALMA

Vida par ti da, p e r
              d i   da
em algum qua
          rto
        escuro
          da alma
          s o l i t á r i a
que se encontra do a
                v
              e
        o s s
na breve consciência de um silêncio mórbido
            I M O R A L

A VOZ DO SILÊNCIO

À espreita,
os sonhos partem,
repartem,
produzem
medos.

À revelia,
a vida se carnavaliza,
encarna a mentira
e nada diz.

Só o silêncio fala,
        cala
                e consente.

Paulo Ávila

PARADOXOS

Sou de toda parte
e de lugar nenhum;
estou fora de mim
e dentro do mundo afora.

Sou como folhas amarelas
em ramos secos;
sou como o sol triste
numa tarde nublada.

Estou em todos os lugares
ao mesmo tempo (como o vento),
fora de compasso
e suspenso no espaço.

QUEBRADO

Impaciente,
espero amanhecer
para consertar o que restou
do meu coração quebrado.

Diante do espelho,
vejo a alma enrugada,
envelhecida pelos anos
e pelo meu triste olhar.

O tempo é algoz.

DESENCONTRO

A vida parece estar perdida.

Sinto falta,
uma falta que me traz uma tristeza suave,
como chuvisco que toca de leve o rosto
e se mistura à lágrima.

E, nessa angústia pungente,
perde-se o sonho,
acorda-se
em meio a uma realidade
que se colhe
pelos cantos
ao acaso,
sem espanto,
sem espera,
sem presente,
numa presença ausente
tão descontente.

SILÊNCIO

Silêncio e nada.

Silêncio em mim,
silêncio em ti,
silêncio nas palavras,
nos versos tortos,
pretensiosos
com cheiro de morte.

Silêncio no adeus,
nas cartas de amor,
nos bilhetes perdidos,
nas liturgias,
nos monastérios,
nos corações.

Silêncio na alma,
nos corpos amantes,
nas promessas de antes,
nas ruas solitárias,
no café da esquina,
na chuva fina de inverno.

Silêncio e nada.

Paulo Ávila

DEUSES

Ah, Deus!...
ah, teu
adeus
dos
teus
ateus
a tecer,
a temer
meus
eus.

CREDOS

Creio
na virgem
vertigem
de um passado
seco
moribundo
e incrédulo.

Paulo Ávila

TERMINAL DA SAUDADE

Sem palavras,
permaneço à margem do fim do mundo
que se traduz em mim
como náusea,
descrença
e vômito.

O amor transborda de medo
em cada esquina,
em cada acaso,
cada caso,
cada tempo,
cata-vento.

Deprimido,
sigo adiante
andando para trás.

O frio abranda o coração,
e a vida se esgota
no esgoto
da alma,
como engodo,
desgosto
e nojo.

ENTRE MORTOS

Triste é saber
que esta vida
repleta de feridas
se desperdiça
por toda parte.

Parece um adeus
que a cada volta
se torna
uma revolta,
um remorso,
que deixa a alma em destroços.

E, sem esperança no porvir,
quebro o espelho do meu outro eu
que, embora próximo,
se faz desconhecido para mim
enquanto sigo adiante
entre palavras e silêncios
que ainda perduram.

Paulo Ávila

SEM DESTINO

Sem escrúpulos,
o coração sangra.
Sem perdão,
a vida segue.

Sem mim,
sou perdido.
Sem ti,
perco o destino,
a vontade
de viver.

INTERTEXTO

A tez do poema
se faz pretexto
em prol do texto
de protesto.

Nascem versos
tortos, sem amarras
tão disformes
quanto insones.

Presos na textura
da têmpora
tênue e tensa
do poeta.

ESTIO

Sinto
em sintonia
na epilepsia
da alma.

Sem sina
me destino
à espera
do estio.

NOVO DIA

Suave
      aurora
           implora
           renova
           inova
                a nova
                      forma
                          morta.

Paulo Ávila

NEGAÇÃO

Sou
tudo
nada
fisionomia
fechada
indefinida
ânsia
de vômito
doente
terminal
à espera
de libertação.

A alta
fatalidade
se faz
alfa
na praga
de uma vida
rara
e vaga.

Lembranças
colapsos
e espasmos
em uma catarse
que se faz
a cada dia
a cada sina
a cada palavra
dita e esquecida
distorcida

num olhar
desfeito.

Por fim
bate
à porta
a desforra
de uma alma
disléxica
dissuadida
e ferida.

Paulo Avila

ESTAÇÕES PARTIDAS

Tendo acabado o dia,
espero o renascer da aurora
tingida de sangue e lágrimas esparsas.

Amanhecerão em mim a ternura e a melancolia
de todas as estações:
serei primavera sem flores,
verão com alguma nuvem cinza,
outono com suas folhas secas
e inverno que sopra confidências e lamentos.

Sinto frio,
calor,
medo
e solidão
a cada mudança de estação.

Rejuvenescido,
sou pródigo em ser-me e abandonar-me
como num casulo
perecível ao tempo,
renascendo além.

Além de mim,
além do que não se pode imaginar
há flores e estradas tortas
que se perderam
por toda parte.

Partes de mim
perdidas em algum lugar
que nem sei.

Partes de ti
permanentes em mim,
numa fortaleza em meus braços.

Perdido,
reencontro-me
no caminho abandonado,
esquecido
à espera de mim.

Paulo Avila

PALIATIVO

Morfina
não é capaz de fazer esquecer
a dor e a ilusão
que habitam o coração.

Preciso de sonhos reais
para sobreviver
sem aparelhos
por enquanto
por esta hora
por este momento
perdido
esquecido
na austeridade das horas do crepúsculo
que persegue a aurora
num amor impossível
de se realizar.

PEDAÇOS

Q
  u
    e
      d
        a
          s

            e s
          c o m
          b
            r o s

formas d
          i
            s
              f
                o
              r
            m
          e
        s

d e v a n e i a m

     e m

       s o n h o s

Paulo Ávila

e vidas que se

par
   tem

e se re
      par
  tem

      na

l   e
 e   d
  v   a
   i   d
    a n

    do

   EU

f
r
 a g
   m
   ent
   a
   d
   o

BEM-QUERER

Quero flores na janela
e eternas quimeras
brotando
no meu jardim.

Quero dias de sol
no inverno que me consome
e fora do tempo
se traduz em primavera.

Quero a doce querência
das ilusões infindas
tão lindas
mais que bem-vindas.

Quero repousar
cegar-me por completo
para enxergar assim
o mundo renovado.

Quero por fim sonhar
de olhos abertos
na possibilidade do voo
pós-libertação.

Paulo Ávila

SONHO PÓS-MODERNO

Assisti, em sonhos,
ao meu acidente literário em praça pública.

Diante de uma plateia de curiosos,
agonizante,
num palco de concreto,
declamei minha morte alternativa em versos,
na inspiração que se fez presente
num fluxo de consciência
em que palavras desconexas
libertaram-se da minha mente.

*
*
*
* * * * * * Creio
* Credo
* Crido
* * * * * * * * * * * * * * * * * * * Pai pobre e poderoso
* * * * * * * * * * Cristo morto ressuscitado amém

* Casa casulo

* Cosmopolita

* * * Prece preceito preconceito

Desencanto * * ** * * sem canto * * * * * * * *
sem partes

* Alienados
aflorando mundo afora

*Despoetizado

*

*

Out of date

(Pedaços de poemas na calçada,
pisados pelos transeuntes que não sabem
para onde vão.)

Reset

*

*

*

Acordei assustado, sangrando e vomitando
poemas pós-modernos.

PÓS-VENTRE

Desde quando
sei
que fui
o que sei
que sou?

Desde quando
perdi
a vida
no pós-ventre
de minha amada mãe?

Desde que sei
tenho sido
alguém
pouco menos
que nada.

Desde que sei
tenho me visto
sem uma luz
que ofusca
e deslumbra.

Desde que sei
trevas
me iluminam
em uma salvação
perdida.

ENGANOS

Limito-me a dizer
a verdade,
nada além da verdade,
que na verdade
nada mais é que uma mentira
embalada
num invólucro de falsa alegria.

A alma – às vezes – pode apodrecer
quando o que temos
é muito menos
do que merecemos,
muito menos do que sabemos,
muito menos do que esperamos
no descuido suave da vida.

É um terrível e assombroso engano
esperar pelo sol
e receber o frio áspero
que se mistura
a um desejo tolo e fortuito
de querer ser feliz
em meio ao que se fez ruína e caos.

Paulo Ávila

SEM AMANHÃ

Sei que amanhecerá
amanhã mais cedo
na sinopse
de um tempo remoto.

Ascenderá
no âmago arruinado
o milagre da vida em farrapos
em lembranças funéreas.

Então
lerão nos olhos
lágrimas sem valor.

Então
terão nos lábios
beijos sem amor.

Então
farão da vida
enterros e lamentos.

Então
farei de mim
solidão, poeira e vento.

BUSCAS

Destino-me a ser
andarilho das palavras
no silêncio que se perde
nos ponteiros do tempo.

VIDA SIMPLES

Há formas de encanto e beleza
que expressam uma rara certeza
do que é indizível.

Uma flor no concreto
é marginalizada
e sobrevive indiferente
ao sol
de cada dia.

Um céu azul
se perde
nas asas de um avião
imaginário
que nunca pousou.

Em mim
há uma certeza dilacerante
que torna quase impossível
o diálogo,
a fé
ou a esperança
longe de outro coração.

Tenho ainda grandes realizações:
cuidar do jardim,
regar o broto,
levar as crianças para brincar,
visitar um amigo,
ver minha mãe.

Estou com lágrimas nos olhos.

REFLEXOS DE MIM

Não gosto de lembranças,
são quase todas uma forma
que encontramos de sofrer.
Preso a mim e à minha história,
procuro não pensar em nada,
mas fantasmas cismam em aparecer.

Talvez alguém sinta em algum lugar
o que nunca pude sentir.
Talvez alguém encontre nesta vida
o que estive tanto tempo a procurar.
Talvez alguém faça ao mundo
o que nunca fui capaz de fazer.
Talvez alguém explique finalmente
o que não sou capaz de entender.

Falo de mim para mim.
Sinto-me um idiota
egocêntrico,
depressivo,
solitário.

Um egoísta,
individualista,
num mundo paralelo de perdas, danos e pecados.

Profícuo.
Promíscuo.
Prostituído.
Preterido.

Paulo Ávila

Ah! São tantos pensamentos
que me perco em todos eles!
São tantas as vozes soltas
que prefiro o silêncio das madrugadas!
São tantas as razões de ser
que prefiro o coração abandonado!

E, nos reflexos de mim
que tantas vezes desconheço,
silencio-me
com o crepúsculo.

Anoitecido e só
estou.
E nada mais.

ACASOS

Deixo pequenas perdas
pelo caminho
e tantos
achados
e perdidos
por onde passei.

Estou aprisionado
por um tempo
que me mantém refém
e me prende a um passado
que nunca mais voltará.

Serei eterno
        nostálgico
           de uma vida morta
         porém viva
  na memória
  nas lembranças
que permanecem
  dentro de mim.

(preso aos nós da vida)

Atado
    espero
      sonho
     sinto.

Crio em mim
uma doce ilusão
de viver

Paulo Ávila

   nas voltas e
             revoltas
                    do
          caminho
                  que se perde
            nas idas
         e
 vindas
      do destino.

CONDUTA

Doe órgãos.
Reze à noite.
Siga o manual de instruções.
Seja bom para merecer o céu.
Confesse os seus pecados.
Ame os seus inimigos.
Dê a outra face.
Reparta os seus bens.

Minta,
seja quem você nunca foi
e sinta o ódio crescer dentro de si.

Paulo Ávila

CAMINHOS

Caminhos
e desvios
no desvão
da vida.

Caminhos
trilhados
partidos
perdidos.

Caminhos
novos
velhos
que se fundem.

Caminhos
de ontem
de hoje
de sempre.

Caminhos
de encontro
de abraços
e despedidas.

DESPERTAR DOS SONHOS

    Vai
        e
vem
      dos sonhos

          que

          c h o
          v e m

no terreno da vida

      chamado

        c o r a
         ç ã
          o

Paulo Ávila

ACHADOS E PERDIDOS

antes de tudo
bem antes
andando
destoando
desbotando
vozes confusas
bordões
e convenções
na iminência
imanente
das querências
e desalinhos
e estalidos
e silêncios
e procuras
e achados
e perdidos
na confusa
fusão
da confusa
ação
dos atos
resvalos
retardos
recados
ressarcidos
renascidos
desvalidos
desvirtuados
mortos
vivos
viços
vícios

Obra Poética

pre
destinados
à inglória
tardia

Paulo Avila

INFÂNCIA

Escondo-me de mim
e nessa brincadeira de não-me-ser
invento máscaras-personagens
e volto a ser criança.

TEMPO CERTO

Amor
em mim
em ti
em nós
completo
inteiro
na madureza
dos amantes
que aprenderam a amar
no tempo certo.

POR TUA CAUSA

Tenho flores
e bem-te-vis,
estrelas d'alva
e lua cheia,
pôr do sol
e poesias.

Tenho beleza
e magia
todos os dias
da minha vida.

Tudo por tua causa!...

DISLEXIA

dislexia
das palavras
dos sentidos
irrestritos

dislexia
dos versos
imersos
silentes

descrentes
sem lentes
dementes
entrementes

Paulo Ávila

EXPURGO

versos abortados
      vomitados
      desgarrados
      expelidos
            da alma
            da mente
            da boca
                  do poeta
                        marginal

SOB O VÉU

desarme
armas
braços
vozes
ditas e desditas

desafine
cantos
encantos
solos
soleiras e sonatas

desafie
falas
fardas
fábulas
gostos e desgostos

denuncie
votos
devotos
em voltas
revoltas e escoltas

desdenhe
por fim
a farsa
que se esfarrapa
e se disfarça em desgraça

Paulo Ávila

MORTE E VIDA POESIA

Nos porões e sanitários
do pensamento-vácuo-nada-vazio,
incubado à espera do vômito
indômito
escatológico
esparso-epiléptico-hermético,
o coração ferido-confuso-deflorado espera.

E, na vala da consciência,
entre vermes e fezes,
inspira-se a vã poesia
(em fragmentos de sentimentos tortos-expelidos
sem sossego
nas frias-moribundas-depravadas-madrugadas
de ninfas e musas e putas)
diante da flor adoecida e da solidão congênita,
em paralisia ou sono profundo,
em dormência e união simbiótica
entre criador e criatura.

Poeta ou deus ou demônio
dos desvalidos e apaixonados,
que sorri com malícia-ironia-sedução,
arma-se com palavras parasitas-rebeldes-soltas
que se prendem ao seu hospedeiro.

Oh, doce pecado
da criação-invenção
do profeta que anuncia
grandes mentiras
proclamadas!...

Insano verso
sem métrica
à espera de luz
(o inverso da paz)
como desventura genética
ou parto normal.

Silêncio gritado nas esquinas estranhas
das entranhas e labirintos da vida
que vem à tona como torrente ou sêmen jorrado,
vida-semente-sobrevivente, óvulo fecundado,
orgasmo e depravação borrada à tinta (ou sangue).

A fala emudece em espasmos e gozo consumado
enquanto a poesia sobrevive pelos cantos
na sarjeta dos versos marginalizados
que se multiplicam em páginas céticas-moribundas
e ganham vida na contramão dos que se corromperam
em nome da arte.

DOR

Sabe-se
que nada dura para sempre
nesta vida.

Mas dói,
dói muito,
sem previsão de acabar.

E, por sentir tanta dor,
perdi o rumo,
perdi a alma,
perdi a vida.

Tornei-me cacos
e fiz tantos de mim
espalhados pelo chão
que ainda sou capaz de ferir.

PELA MANHÃ, ANTES DO SOL

Atento,
ato as partes,
arco as consequências,
parto as possibilidades,
parto-me para sempre
como num parto.

Enxugo lágrimas,
promessas,
falhas,
fardas,
farsas
e tantas ausências de mim.

Escuso,
exímio,
exíguo
homem
de outrora
embora
a hora
se manche
de sangue e aurora.

ANTES DE TUDO

Existe um medo
que nasce em nosso olhar
e precede o crepúsculo,
        o opúsculo,
          o anacoluto
            e o irresoluto.

E, neste brincar de ser o que não se pode ser,
acabamos por imaginar
uma outra vida
que deixou de acontecer
antes mesmo de começar.

LEVEZA DAS HORAS

parece
que o tempo
na leveza
das horas
perece
desfalece
esquece
enaltece
envelhece

parece
que o tempo
na leveza
das horas
traz
traga
traduz
olhares
perdidos
esquecidos
entre a solidão
e as flores no caixão

Paulo Ávila

DO FUNDO DA ALMA

algum tempo
se perdeu
em mim

alguma marca
e alguns desejos contidos ficaram
como beijo recusado
ou coração recém-libertado

ouço histórias
lembranças
fisionomias tristes
pelos cantos

cantos
e desencantos
de minh'alma
dispersa
desperta
déspota
dos sonhos
enclausurados
esquecidos
estornados
exprimidos
esquisitos

amo
creio
sem receio

destoo
o correto
o concreto

abstração
abnegação
arruinação
das flores
e das estações

perdido
reencontro-me
no velho baú abandonado

há sonhos e autopromessas
projeções perfeitas
de quem nunca serei

e a vida será uma semente
esquecida na estrada
com ânsia de vingar

Paulo Ávila

AGONIA

em febre
envolto em delírios
como um moribundo
que se faz ausente de si

calafrios
noites sem fim
vozes na mente
medos na alma

espero
o amanhecer
a convalescência
que nunca vem

sou quase nada
em meio a lençóis e suor
diante da esperança que respira
em estado terminal
espero
em
si
  lên
     cios
          e
             v e n
                 t o s
                     que contam
                          e
                     sopram
             segredos

```
            desejos
              es
              que
              ci
              dos
      pela
         e
            s
               t
                  r
                a
            d
         a
            triste
                  sem fim...
```

Paulo Ávila

ATADO

Ata-me
trata-me
espreita-me
desnuda-me
eleva-me
ao paraíso
pagão
da luxúria.

SE...

Se
me amas,
grita isso em pensamento
e vem sorrindo até mim.

Se
me queres,
não esperes anoitecer:
vem e fica agora aqui.

Se
me entendes,
lê no meu olhar
todo o amor que devoto a ti.

Paulo Ávila

TENS...

Tens a beleza celestial,
a brisa suave em manhãs primaveris
e o amor que bate à porta.

Tens o sorriso mais puro,
a alegria que brilha no olhar
e a vida que pulsa em cada canto.

Tens a harmonia das noites serenas,
o luar que abranda o coração
e o encontro à luz de estrelas.

Tens a mim, o meu coração,
a certeza da flor que abre aos poucos
em nosso jardim, nossa vida.

Tens a esperança, a doce espera
e ao teu encontro faço a ponte
entre o querer, o desejo e o prazer.

VIELAS DO TEMPO

Sigo com um triste olhar
algumas lembranças que se vão
nas vielas do tempo
à espera do advento
como único intento
de mostrar lamento
e um breve perdido sentimento.

Paulo Ávila

SEM DIREÇÃO

Sem rotina,
rotas e desvios
destinam-se
a nada
e a ninguém.

Sem avisos
e pormenores,
atira-se a esperança
de olhos abertos
num mar de lágrimas.

A consciência se parte
perdida,
partida,
despida
de caráter
e cuidado.

Destina-se suja e sem pudor
a palavra
que se revela
dura e ferida
no cimento oco
do sentimento.

TALVEZ...

Talvez amanhã eu não esteja mais aqui.
Talvez um dia eu não seja mais quem sou.
Talvez a vida se revele a mim
e me traga conforto e algumas violetas na janela.

Talvez bem-te-vis me chamem pelo nome.
Talvez ainda exista um caminho bonito a percorrer.
Talvez o amanhã, o porvir, o acaso, o possível,
Deus, anjos, desejos e quimeras
se manifestem na minha vida
e me façam sorrir.

Talvez o sol volte mais tarde.
Talvez um dia eu seja alguém melhor.
Talvez eu sobreviva à próxima primavera.
Talvez eu morra velho
com crianças no quintal a correrem inocentes
enquanto o trem das lembranças passa por mim.

Talvez a vida possa valer a pena.
Talvez eu seja apenas talvez.
Talvez, a vida.
Talvez, o talvez.
Talvez, talvez...

PURGATÓRIO

Perdido no paraíso,
um anjo sem asas me saudou.
Estive no inferno
em busca de mim.
Hoje, minh'alma adormece em gozo e pecado
renascida, imaculada
após as horas vãs e turbulentas
de um tempo entranhado em mim
que jamais há de me abandonar.

Acordo-me em asco e santidade.

AMARRAS

Esquizofrênico
em estado sólido,
desfeito na insônia
das horas
        perdidas
na vaga saudade
do que morreu em mim.

DOR E AGONIA

É tão agressivo e desconfortável
esse nada que me toma o peito.
Parece o vazio,
o perdido,
que se traduz em tudo aquilo que não retorna mais.

Faz-se desentendida a fala do tempo,
do nosso tempo,
da vida-tempo,
da vida-nada,
da vida-viva.

Tempo escondido no reduto do corpo enfraquecido,
no canto dos cânticos,
na fé cega
que se torna pagã,
paralítica,
terminal.

Tempo-nosso,
tempo-zelo,
tempo-selo,
tempo-cedo,
tempo-temporal,
temporão.

Tempo escasso que promove
uma confusão de ideias
em nossos rasos ideais,
ou talvez seja algo mais,
um pouco mais,
ou quase nada.

Ou talvez seja apenas uma viagem sem volta que fiz
para dentro de mim,
para um lugar tão perto e tão distante
do coração.

Silencio.
Perco-me no canto do cisne,
sinal de mau agouro,
perdição,
maldição,
último refúgio
de uma esperança sem cor.

A pena se cala
apenas
e assim
a sina
se fará
um dia
em sinal
de dor
e agonia.

Paulo Ávila

CINZAS E ROSAS

Após o nada, falei.
Fugi,
despi,
desfiz
a desfeita
que anda à espreita.

Após o nada, amei.
Desamei,
censurei
e me calei.

Após o nada, desfiz.
Desatei,
destoei
e desbotei
algumas rosas.

Após o nada, as cinzas.
Um desastre,
um recomeço,
um destempero.

Após o nada, as horas.
Monótonas,
simplórias,
em solilóquios,
dramas,
desterros
e enterros
das quimeras
venéreas.

Após o nada, alguém.
Refém,
além,
tanto desdém.

Após o nada, sozinho.
Eu
somente
comigo
convivo
e quase
consigo.

Após o nada, ninguém.

Paulo Ávila

TEMPO ESCASSO

A alma está escassa,
e o coração,
sedento
por amor.

Não há filosofia alguma
nas manhãs sombrias
nas noites vazias,
na solidão humana.

Um novo dia virá
apesar do medo,
do regresso,
da monotonia,
do silêncio.

A lembrança tardia foi selada
sem destino,
sem remetente,
na imensidão dos sonhos,
na breve realidade desta vida.

NUDEZ

   acuda
     e
   aturda
     na
   agrura
     da

    r u t
   g   a

    da

  r u a

desnuda

que des
       fi
        gu
      ra
a crua
  lua
  puta
  e
  nua

Paulo Ávila

O TEMPO DAS COISAS

Há um tempo
perdido
cedido
na ânsia
de vômito
das horas senis
do crepúsculo.

NOVO CANTO DO EXÍLIO

Sinto tanto
um sentimento
profundo
de nada
e mais nada.

Desejo tanto
o que foi
ofuscado
na cegueira
dos fiéis
que observam
a tudo
de viés.

Amo tanto
a valsa
sem dança
o remorso
num salão
vazio
que se faz
lar
e
exílio.

Exilo-me tanto
por dentro
expelindo
o que exijo
o que sinto
e o que minto.

Paulo Ávila

E por vezes
omito
o mito
o anúncio
do fim
de mim.

E mais nada.

PRECIPÍCIO

Precipito-me
ao precipício
e ao esgoto
da vida.

E não há salmos
nem orações
que salvem
minh'alma
condenada.

São esmolas
e migalhas
em forma de versos.

Paulo Avila

HIBERNANDO

Sinto-me vazio num invólucro involuntário,
quase propenso a fugir de mim,
insensato, impaciente e sensível ao extremo,
contando cada instante,
longe de qualquer certeza.

Cinza é a tarde, os momentos felizes,
que se desfazem pelo tempo
em minha impermeabilidade inconsciente.

E assim vai-se embora o dia
com a possibilidade incerta do amor
em cacos
que ferem
e sangram
sem motivo aparente.

Em mim, só desgosto e indagações.
Caminho não há.
Só uma longa espera.
Tão distante.
Entre dúvidas
e silêncio.

Ainda assim, existe o sol em algum lugar
escondido nas nuvens que insistem em ficar.

Estou vivo.
Preciso e posso respirar.
Tenho medo e o medo me dá coragem de prosseguir.

Íntimo de mim assim me sinto
enquanto hiberno sem data de vencimento.

INSPIRAÇÃO

Multilíngue do amor
em versos soltos
eu sou.

Tornei-me poeta
por exigência
do coração.

Fabricante das palavras
amarradas ao poema
por dedicação.

A inspiração?
Vem da musa,
esse ser iluminado
que inspira,
que fascina,
que é a própria poesia.

Paulo Ávila

ENRUBESCIDO

Tecendo sonhos,
provocando desejos,
a alma consente.

Imaginando cenas,
amante zeloso,
a pele enrubesce.

Provando de um beijo ardente,
na intimidade do toque,
o olhar revela.

Seguindo pela noite
os passos de uma paixão
vivemos plenamente
entre a inocência,
o pecado,
o instinto
e o querer.

OFERTÓRIO

Minha religião
consiste em amar-te
sem limites,
contrito,
como um jovem seminarista
em subversão.

E, na minha devoção pueril,
oferto-te incenso,
ouro e mirra;
oferto-te flores,
meu coração
e alguns versos transgressores.

Paulo Ávila

SANTÍSSIMA

Ao luar,
acalento o olhar
da doce donzela
em desejo.

Ao falar,
faz-se luz
o lúdico
sob a veste.

Mais que pura,
Santíssima,
revela o milagre
que se faz oculto
no calor,
na epiderme,
em pelos,
    despudor
    e lábios.

POR TODA PARTE

É cedo demais
quando, num beijo,
volúpia da alma,
os sonhos florescem
e o broto rejuvenesce
antes de nascer.

Já é tarde, talvez
para sentir com a razão
quando a emoção fez ninho
ao pobre coração.

O tempo não importa mais;
na verdade, tudo o que não se traduza
em desejo e união de almas
não é digno de veneração.

Ah!
Amar nos faz devanear
na loucura da mente
que se torna sã num olhar apaixonado
e se revela pelo ar
púbere
na simples simetria do desejo,
entre anjos que pecam inocentes
no paraíso, em segredo, longe de Deus.

Não há palavras.
Não mais.
O silêncio fala pelo coração
e provoca uma doce agonia
por prazer e consideração.

MEDO

Tenho muito medo
e esse medo me entorpece os sentidos,
me deixa estagnado
sem saber o que fazer.

Ah! Quanta vida deve existir além do arco-íris!
(Mas ainda nem choveu...)
Quanta alegria eu encontraria no pôr do sol!
(Mas no inverno tudo é cinza e tão frio...)

Tenho muito medo,
medo de mim e dos meus medos,
medo da possibilidade de sentir medo.

Hoje quero apenas o tédio e a melancolia,
quero a ilusão e a sombra de coqueiros falsos,
quero o torpor,
o sono,
o sumir-se,
quero
ser
sem
mim
no fim.

ENTRE ANJOS E O LUAR

Entrego-me ao instante que fenece
com sede de eternidade.
O destino, por sua vez,
esquece,
muda o rumo
e me entristece.

A alma leviana
(entre sussurros, gemidos e saudade)
em desejo, padece.

Às vezes,
faz-se livre
e libertina.
Destece.
Aborrece.
Apetece
enquanto escurece.

Desfaz e enrubesce.
Goza,
martiriza
e enlouquece.

O suor
do corpo
e da alma
encharca
a cama
mortuária
do desejo
onde se ama

envolto em mortalha
e carinho benfazejo.

Aturdido e imóvel,
a clara escuridão sem juízo
desfaz-se por trás de uma cortina
que esconde o caminho que leva ao paraíso.

À meia-luz, um quase sorriso desabrocha
no lapso de um tempo que não volta atrás,
e pela lua que banha o quarto
uma santidade prometida
torna o desejo rude e voraz.

E, entre anjos e o luar,
a alma escapa.
Some.
Volta.
Consome.
Transita
entre o sonho e o real,
entre o pecado e o brincar de pecar.

De um assombro,
revela-se o desejo
do corpo
em espectro
mundano
a escutar
e a provocar
ardor.
Tanto e um pouco mais.
Aconchego.
Amor.
E paz.

RESIGNAÇÃO

Estou nublado.
Enquanto isso,
uma canção repetida ao longe
parece-me estranha como o sol.

O tempo, muito mais que a vida,
parece remoto,
um engano,
uma viagem sem mim,
um passageiro de primeira viagem.

Ah!
Nada parece tão exato
quanto o cinza que nubla esses dias,
as tempestades
e o rosto triste que acena da janela
e eu retribuo
o engano,
pois os acenos nunca foram para mim.

Por isso, caminho triste,
acompanhado pela minha sombra,
espectro rastejante de mim.

Parece o fim.
O fim da linha.
O fim de mim.

E os sonhos se fazem tortos
pelos cantos úmidos,
descendo por canaletas
e levados pela água suja e agitada
após uma enchente.

Paulo Ávila

Pareço assim,
morto jasmim
em terra seca.

E um silêncio imoral
ecoa em minh'alma resignada e cansada da vida.

Resignada e cansada de mim.

POLISSEMIAS

palavras são lugares-comuns que nada dizem
apenas são pretextos-espermatozoides
ovulando suas nuas polissemias-semânticas
nos dêiticos deixados à beira do caminho
da extralinguagem-roupagem que se faz imagem

palavras
nuas
cruas
despidas
devassadas
despudoradas
como língua
íntima
obscena
indolente

palavras
ínfimas
íngremes
ímpias
idiotas
ignotas
ocas
opacas
cloacas
crostas
cálidas
palavras
que urram
perfuram
perdem
o rumo

Paulo Ávila

ancoradas na pragmática
dos perdidos pecados
vãos e normativos
enquanto a língua do povo
pede esmola na sarjeta
em frente à Academia Brasileira de Letras.

FIM DA LINHA

Dama.
Drama.
Trama.

Xeque-mate.

Paulo Ávila

NOTURNO (POESIA QUE PULSA DO COTIDIANO)

Sou as sombras que faço de mim.
Ofuscado.
Esquecido.
Deixado à margem.

Oh! Ilusão da vida!
Ilusão que tarda!
Ilusão que falta!
Ilusão e mais nada!

Sonhos sem farda
resguardam
a vida ferida,
despida,
que delira.

São vestígios e restos
do que se foi,
passou,
perdeu
e nunca mais virá.

Provocam alucinação.
Vertigem.
Maldição.
Sociedades e partidos.
Pessoas partidas.
Preteridas.
Esquecidas.

Em vão
passos se vão
pelo vão da vida,
enquanto tento sorrir,
reagir
diante da cena
estática,
exausta
que hipnotiza
e lobotomiza.

Excruciante,
perco o tempo,
a alma
unificada
que se ridiculariza
ou enfatiza
um ato incerto
e cheira a mofo,
poesia de rua
e sons de concreto.

Paulo Ávila

BOAS INTENÇÕES

Faz tanto frio,
então embala-me
com o calor do teu coração.

Toca ao longe uma canção,
então dança comigo
em uma nuvem de ilusão.

Só não sejas
indiferente
à minha devoção.

Não, não, não...
Nunca te esqueças
da minha boa intenção.

NUM RASCUNHO

Rabisquei
alguns versos tolos
e sem inspiração.
Incomodado,
deixei-os de lado.

Nenhum deles lembrava você.

Paulo Ávila

CALMARIA

Sinto-me calmo,
muito calmo,
excessivamente calmo.

Mas o que seria a calma?
A liberdade da alma?
O silêncio que acalma?
A arquitetura da palma?

Não sei.
Apenas domino
a ansiedade
que se faz dor
e germina em mim
prisioneiro
ou devedor
na presença
da flor.

LÁPIDE

Flores sem viço
enfeitam meu caixão.
Anjos da guarda
foram embora
para sempre.

Só a pedra fria me consola.

ANTAGONISMO

O vento bate na janela.
A vida tem olhos de quimera.
A menina aguarda com aflição de donzela.

Meus dias são todos iguais.
Sempre espero por um pouco mais.
Adormeço, acordo, esqueço e volto atrás.

Penso em tudo.
Deixo cada sonho torto de lado.
Fico mudo.
A alegria é como a dor de um parto.

Beijo com os olhos.
Despeço-me de mim.
Sorrisos são espólios.
São certezas do fim.

E o que me resta?
Ninguém sabe.
Para muitos, viver é para quem tem pressa.
Para mim, só o vagar de uma ilusão suave.

ABISMOS EM NÓS

Lágrimas,
sonhos,
saudades perdidas,
esquecidas pelo caminho.

Ao pôr do sol,
nascerá uma vida tardia,
o dia a dia,
as tragédias
com gosto de lembrança.

Esqueceremos
filosofias.
Lembraremos
farsas e fantasias.

Teremos um carnaval
sem enredo.
Algumas memórias secas,
apagadas,
deslumbradas
entre a nudez
e o espanto.

Pelos cantos,
uma agonia virá em silêncio.
Veremos rostos
sem forma,
sem bagagens,
sem destino,
num desatino
de um encontro
sem ninguém.

VIDA E LIMITE

Agora
é nunca:
instante estranho que se parte nas sombras,
nas asas da ilusão
e nos pés da ingratidão.

Ontem
é hoje:
reprise do tempo nostálgico e paralítico
que se encontra nos subúrbios
e na solidão que anda acompanhada.

Nada
traz alegria:
a ternura é agressiva e os homens, loucos.

Tudo
traz desânimo e apatia:
o coração é símbolo dos perdidos pela paixão.

Agora.
Ontem.
Nada.
Tudo.

Fugacidade dolorosa
das horas sombrias,
dos ponteiros parados,
das causas perdidas,
dos santos pecados,
das portas fechadas,
dos réus condenados.

O vento acalma.
A vida prossegue.
Procede.
Promete.

No entanto, pelas frestas do tempo
nada parece real,
ninguém ouve o que diz
a razão que há
na profundeza insólita do coração.

Paulo Avila

SUBMUNDO (VIDA/ALMA/LÍRIOS)

No silêncio da vida,
sinto o grito
do vazio.

No barulho da alma
em cada alameda,
sinto pena,
perda,
pesar.

Na lama dos lírios murchos,
sinto o lento germinar do fim
no sótão
e no submundo
do coração.

Vida,
alma,
lírios murchos:
todos se interligam ao meu drama
como se de mim fizessem parte
(como segunda pele ou hospedeiro)
enquanto, evasivo, deliro
em coma literário
e manicômio abstrato
das paixões mundanas.

Oh, vida que me instiga a ser mais do que posso ser!

DESESPERO

Expatrio-me
num destempero.
Sinto na boca o amargo da vida.

Procuro por desvelo,
mas encontro desprezo.
Sinto a sina brutal das horas de agonia.

O tempo passa.
A vida passa.
Tudo passa.
Eu fico só.
Iludido.
Fugidio.
Fodido.

Ofuscado de antemão,
chafurdo no lamaçal da histeria coletiva
das minhas certezas sagradas
entronizadas em meu ilusório Panteão.

Em desencanto, vários eus habitam em mim
criando dúvidas e mágoas sem fim
em meus olhos cor de marfim,
cobertos com restos de cetim.

E, por estar desatento a tudo,
caio em tentação, em queda livre,
e provo do desespero suave das horas vãs
que se entranharam nas minhas memórias pagãs.

Paulo Avila

ALMA EM DEZ CANTOS

I
Minha alma é triste e doída,
acostumada ao martírio de cada dia,
à sede transitória de eternidade
como descarte sombrio da vida.

Há rumos e os pássaros se perdem
quando o verão se vai.
Há ilusão e tentativas casuais,
pesadelos que me fazem transpirar,
erros que não posso mudar,
ervas daninhas que acabei de plantar.

Só.
Desatei-me do nó
que me unia a nós,
aos recantos e redemoinhos
que levam dor e pó.

Ser assim tão só
é tudo o que sei,
é tudo o que sou
e o que me restou.

II
Minha alma contém vários eus,
pedaços multiformes de mim,
sem cor,
sem vida,
sem esperança,
sem tantas oportunidades de vir à tona,
respirar
e viver.

III
Minha alma é falsa.
No entanto, parece tão boa
quanto criança recém-batizada
ou em fila de primeira comunhão.

É tudo mentira:
cada um é um poço sem fundo de maldades
e segundas intenções
e egocentrismo exacerbado e reprimido
com embalagem de compaixão.

IV
Minha alma é suja.
Se fosse um vaso sanitário de um terminal rodoviário,
talvez seria mais limpa.

V
Minha alma é minha
e me encaminha
para onde não sei mais.

Tenho um par de lágrimas
e algumas poucas histórias para contar:
tímido e recluso,
deixo o tempo me amordaçar
como um cão raivoso
em estado terminal.

VI
Minha alma é uma piada.
Sim, uma piada,
e muito mal contada,
veja bem:
ninguém ri ao menos de soslaio
com o intuito de não me deixar sem graça.

Ninguém me vê.
Ninguém nem ao menos entende
que o amor é insuficiente
embora latente
como um demente
que se debate
em crise
de abstinência.

VII
Minha alma é minha.
Só minha.
Única e indivisível.
Indizível.
Entre a crendice
e a descrença.
Entre a força
e a forca.
Entre anjos
e trevas.
Entre a vida
e o esquecimento.
Entre o porvir
e o desfalecimento.
Entre o ser
e o mundo.
Entre mim
e o coração
partido
e repartido
em pedaços
incompletos
e imperfeitos
na candura
desgarrada
e tão desgraçada.

VIII
Minha alma é reflexo imperfeito de mim.
Repleta de vícios e esquecimento,
lança-se à ideia sórdida
de se perder.

Perdida, tenho paz.
Encontro-me
e juro que morro.

É uma ausência que enternece,
enfraquece
e dói.

IX
Minha alma é épica,
tétrica,
perdida entre dois trópicos,
sem direito à réplica.

Sôfrega,
trôpega,
presa ao passado,
com sede de liberdade.

X
Minha alma tem má conduta,
finge-se de santa,
contrita,
cristã medieval.

Minha alma é tudo o que de pior pode ser,
                                      haver
                                      e ter.

É fúria indômita
encontrada perdida em antros,
esquecida nos claustros beneditinos.

Minha alma reza pela manhã
e sempre fornica à noite.
É pura e imunda,
fiel e promíscua,
atada à vida e ao culto do corpo.

É contraditória,
feita de extremos,
paradoxos
e excesso.

É luz cega,
maldição que me guia como bom pastor
desconectada,
desconexa,
falando em idiomas estranhos
e em transe de beijo de línguas.

Oh! Alma insensata,
poeticamente tuberculosa e incapaz,
vazia, repleta, traiçoeira e mordaz!
Quero-te comigo na agonia que perdura
na escuridão dos perdidos
que buscam por salvação!

HORIZONTES

há frases lidas
em cartas esquecidas
de lembranças findas
e promessas fugidias

um barco
está perdido
no horizonte da vida

a paz se encontra esquecida
e transitória
ao tempo

a vida se fez alento
enquanto atento
encontro-me
ao relento
de sonhos
e ilusões

em uma sina
tão tardia
e indevida
perco-me
perto do fim
tão longe
do início
de mim

Paulo Ávila

TESSITURA DA VIDA

Clara é a escuridão
que dá vida ao perdido
e ao cego de alma.

Nublou
escureceu
e não choveu.

É tarde demais
para o riso, o choro, o espasmo, a melancolia, a histeria,
as horas tortas, mortas e repetidas.

Trovejou.
Fez-se assustado o coração.
Está seco (o ar, o mar, o falar, o ignorar, o amar...),
seco dentro de mim,
numa secura de glória, ânimo, decoro, remorso,
insanidade.

Desfiz-me.
Sem inspiração e sem poesia,
joguei fora versos soltos e rimas tolas.

Ergui-me
enquanto o trem passou por mim e não parou
(trens sempre passam e levam pessoas,
sonhos, lembranças, lágrimas
e um afeto esquecido em alguma sarjeta).

O sol brinca de se esconder pelas cortinas de nuvens
e, no fim, parece uma peça que se esqueceu de começar
ou que ninguém quis assistir.

A vida é um espetáculo sem espectadores.

DESTINO, NIILISMO E REDENÇÃO

2014

DESTINO, NIILISMO E REDENÇÃO

sinto o baque surdo do meu coração
e no silêncio do quarto
tenho um sobressalto...

sozinho em vários eus que me habitam
perdido no meu próprio destino
no niilismo, meu hospedeiro
busco redenção
espero a noite
e adormeço

aurora é sempre a hora
quando a realidade implacável
a insônia das horas esquecidas
e o sonho impossível
se entrelaçam
enquanto não me levanto

I

DESTINO

Nada me destina a nada e a ninguém,
embora o destino de tudo esteja entranhado em mim.

DESTINO

sem
rigor
ou pendor
há tanto bolor
e falta de pudor
no destino
cre
ti
no
furta-cor
sem credo e sem prece
no tempo surdo que padece
enquanto a vida nada oferece

Paulo Ávila

INCOMPLETUDE

Há partes incompletas
que confundem
um coração
que espera
palpita
e morre aos poucos de saudade.

TEMPO A TEMPO

retira-te

t
e
m
po

a

te
m
po

po
ssivel
mente
como...p...o...e...i...r...a
e......................v e n t o

Paulo Ávila

FUGACIDADE

a vida perece aos poucos
e deságua na morte
um breve infinito perdido
nas duas pontas do horizonte

ATADO

Atento-me
aos nós
que nos prendem
a nós.

Peço perdão
sem absolvição
como um cego diante do espelho.

SILENCIADO

Silêncio na rua
ou sou eu que escureci
e não percebi?

HIROSHIMA DA ALMA

    Eu

    explosão

    de

   mimmimmimmimmim
mim   mim
mim   mim
mim   mim
mim   mim
    mimmimmimmimmim
        mim
        mim
        mim
        mim
        mim

Paulo Ávila

PELO AR

meu destino
perdido e sem rumo
não pertence
mais a mim
nem a ninguém

livre
de mim
preso
ao tempo
e à matéria

estou
solto
pelo
ar

OCORRÊNCIAS

um olhar passou
um sorriso passou
um tempo passou
uns amigos passaram

e essa dor ficou

LEVEZA

tenro tempo
que temo
tanto
e tanto
em tempo
em mente
que mente
que minto
que sinto
na pele
na alma
na lida

mas que lástima de vida!...

REFLEXO

 reflexooxelfer
d   o
 i s
  f u
   c
  o
    n
   f
  u
   s
  o

diante
dos
vários
e u s
que
habitam
em
mim

Paulo Ávila

RASURADO

na insônia
da noite
agônica
      passo

            e

              r
           e
          p
        a
       s
     s
o

    a minha vida
    a limpo
    sem
    ~~rasuras~~

DESPEDAÇADO

do avesso
perdi sonhos
acordei, desperdicei
e me despedacei

vozes fantasmas
contam memórias de mim
e de um tempo passado
que nunca vivi

Paulo Avila

NOSTALGIA

meu destino me leva
para bem longe de mim
como o outono leva as folhas secas pelo ar

estou sem ar
admirando o mar
que sequer existe diante do meu triste olhar

estou por aí
pensando na vida
como chuva de verão que não se pode evitar

PÓS-ÚTERO

sincronizo os sonhos com o real
que persigo e vem à minha mente
mas não consigo compreender
quase nada à minha frente

quase nada além do sorriso triste
daquela que me espera à janela
com a mão enrugada
e os olhos de quimera

Paulo Avila

FRAÇÃO DE SEGUNDO

meu destino
tem uma bomba-
          r
          e
          l
          ó
          g
          i
          o

    prestes
       a

    p l o d
x   i
  e   r

  quando
   estou
    no

<u>f i o</u>

   da

    na
     /va
      /lha

ENTRE A QUIMERA E O IMPOSSÍVEL

hoje
a
hora
   i
   m
   p
   o
   s
   s
   í
   v
   e
   l
 anuncia
a quimera
   p
   o
   s
   s
   í
   v
   e
   l

Paulo Avila

SALÃO VAZIO

danço
um tango imaginário
e me vejo sozinho no salão
na abstração dos meus passos trôpegos
que as mãos calculam e reproduzem com sofreguidão
em versos torpes, bêbados e de pouca inspiração

INSONE

madrugada afora
minha vida adentro
só me resta este lamento

ACASO

ao acaso a palavra casa e descasa
penetra o som, invade o silêncio
e dramatiza o início que desaba
em busca de um meio
ou de um possível final
às vezes sêmen jorrado
sangue coagulado
fluxo menstrual

ao acaso o nascer se funde ao saber
e parece que se esquece
e se esconde de tudo
à espera de viver
entre o sim e o não
entre a dor, o anseio e a ilusão
como sempre deve ser

acaso às vezes planejado
nas curvas da vida
nas pernas tortas do destino
no sistema reprodutivo dos versos
sedentos por um sentido
uma antítese ou paradoxo
pragmática ou desejo esculpido
na polissemia do que foi concebido
esquecido
suprimido

ao vento
ao cimento
ao lamento
sem consenso

palavras novas
embora tantas vezes usadas
descartadas
num breve intento
e descontentamento
entre sentir-se imoral
deus ou imortal

palavras renovadas
em tom confessional
em certezas profetizadas
e subjetividade ficcional
em lavra, suor e sementes
ao destino
lançadas
talvez rechaçadas
alicerçadas
ou quem
sabe
abastadas

por fim
em parte
um enfarte
ou baluarte
num estandarte
contraparte
ao caso
(ou acaso) da vida
e da arte

Paulo Avila

CARNAVAL DA ALMA

na alegria
que não me contagia
sou arlequim
no salão vazio
à procura de mim

DONA MORTE

A morte
(essa senhora mal-educada
que chega sem avisar)
entra,
toma café
e se atira no sofá.

É sem dúvida
uma grande filha da puta
que se intromete no destino,
fuma,
mente
e emporca o ar
com seus modos
que pouco estimo.

Paulo Avila

LÍNGUA DO POVO

Enquanto a gente fala
a elite normatiza
cria regras
acende fogueiras
e queima o povo
num vocabulário medieval
que ninguém mais entende.

Por isso me encontro
e me perco nas palavras
negaceando a sintaxe
com a linguística
nas veredas tortuosas
da língua-poder do povo e do doutor.

VERSO E REVERSO

palavras são flores
facas
mordaças

são frágeis
de bronze
de aço

são inocentes
inofensivas
e perigosas

são doces
amargas
indigestas

são paz
guerra
lida

são sangue
morte
vida

e nos conduzem
a abraços
beijos
perdas
e despedidas

Paulo Ávila

MENINICE

Ei, você!
Não se mexa!
Mãos pro alto!
Você está preso!

Na favela
polícia e ladrão
nunca foi brincadeira inocente
na infância do menino João.

O DIA D

o dia gira
g   gira
i   gira
r   gira
a   gira
g   gira
i   gira
r   gira
a gira gira gira

e
não
vai
a
lugar
algum

Paulo Ávila

ESFARELADO

desfiguro
o destino
o tempo
e a realidade que me agridem
e
  e
   s
    f
     a
      r
       e
        l
         a
          m
            as
              es
                pe
                  ra
                    nças

JARDIM DAS OLIVEIRAS

Minha primavera foi-se embora
numa manhã tão comum de verão
e me deixou sozinho
no jardim das oliveiras
sem flores e sem estação,
com a alma fria, invernando,
um olhar triste como nos dias de outono
e um coração que de saudade fica hibernando.

Espero novamente
ansioso
pela primavera
que numa brisa suave me alegra
e como a quimera
vem florindo
e me sorrindo.

Paulo Ávila

EM CÍRCULOS

       eu   um fim
     sinto   ou ver
      e   um meio
    tenho   sem ter
em mim   em mim
tanto   fechado
espinho   arlequim
e algum   ou
  jasmim   máscaras
    que fujo   sem
    enfim num ínterim

LÁ FORA DE DENTRO DE MIM

A chuva cai lá fora
e a vida tão seca se perde aqui dentro...

À sombra de nada,
um dia triste é meu abrigo,
anestesia a alma sem sentido
aqui fora, bem lá dentro.

Sem alarido,
sem pudor descabido,
por favor.

Sem zunido,
sem o pavor do que foi perdido
sem valor.

Paulo Ávila

TEMPO REMOTO

me esqueci de esquecer
o que esqueci
há tanto tempo

e hoje só me restou
um quadro esquecido na parede
de uma vaga lembrança
de um sonho estranho
perdido no tempo
remoto de mim

II

NIILISMO

Na contramão da vida, mesmo perdido,
o niilismo se fez luz e caminho para mim.

NIILISMO

nada
é tudo aquilo
sem sentido
que
(per
 di
do)
não
faz
falta
ainda que a vida
(per
 di
da)
      esteja
en
tra
nha
da
    e
        à
          p
          a
          r
          t
          e
        de
          mim

Paulo Avila

UM APARTE

a vida
está
sozinha

a vida
está
à parte

mas como?

à parte
de mim,
de nada
ou de ninguém?

não sei,
estou
sozinho

à parte
de tudo,
à parte
do mundo,
à parte
de mim

DUAS PARTES DESIGUAIS

estas linhas confusas e ambíguas
são rascunhos do meu rosto e das minhas angústias
que atravessam os séculos das minhas poucas décadas

estes versos sujos, irregulares e tortos
são raio-x de uma alma confusa e silenciosa
que há muito tempo já se cansou de rezar

esta vida de agonias e de esperas e de ansiedades
é a única realidade que se esfarrapa neste
exato momento
num desalento
num intento
numa vontade de não ser nada
e não se viver de nada
e não se esperar por nada além de trocados e migalhas
que as mãos estendem ao acaso
esse senhor filho da puta
velho
barbudo
escroto
que ri na conspiração do universo que
separa os homens
em bem-sucedidos e em bem-fodidos
em bem-nascidos e em sub-humanos desnutridos
em belos sorrisos e em desdentados famintos

ah! esta vida não me diz nada além do que eu já saiba
enquanto tudo se torna podre (embora ainda vivo)
e o relógio do tempo siga o seu curso triste e senil
em direção
ao
nada

Paulo Avila

ENCRUZILHADAS

O destino está destinado a nada,
a nado, a seco, a chuva passageira,
a terremotos e longas promessas perdidas.

O horizonte sem linha foi desfeito
e a pipa imaginária do menino inocente voou
além do que os meus olhos poderiam enxergar.

A alegria tornou-se uma visitante de luxo
enquanto a tristeza derruba os copos
e anda bêbada pelo salão vazio.

A morte me dá a mão fria
e, ao meu lado, tenta me consolar,
mas nada digo: permaneço soturno e deprimido.

A solidão é companheira à noite
quando se perdem o sono e os sonhos distantes
e as esperanças são lançadas fora.

O mundo... ah, este mundo é tão imenso
que cabe na palma da minha mão pálida
enquanto meus dias se fazem de consolo e lamento.

CANTO DO CISNE

antes e depois de tudo
terás de mim o que sou
à luz da consciência
à espreita
do que a morte
sem nenhum encanto
ou sutileza
deixa à parte

de soslaio
deixo um sorriso torto
de uma vida morta
deixada viva
pelos cantos
aos prantos
de um canto
melancólico
que ninguém ouviu
ou pelo menos cantou

Paulo Ávila

(DES)GRAÇA

Num último suspiro
sem redenção
ou absolvição,
a luz tênue
se dissipa
em meio à graça
que não traz vida.

Em transe,
tantos homens sem esperança
caem por terra
enquanto canto o triste fado
ou sussurro o fato cuja graça
ou desgraça
iminente
emana.

Um longo caminho se faz
e finda
num instante eterno,
efêmero,
em que se morre
e se vive
e se descobre único,
partido,
inteiro,
embora sejamos
vários
e pareçamos
nenhum.

PURGATÓRIO PARTICULAR

mergulho no meu interior
onde há um vazio silencioso
e algumas rosas mortas
oferecidas à minha alma que purga geme grita
sufocada e presa à sua prisão chamada corpo

por isso insisto persisto desisto
e nada me prende a nada e a ninguém
sou livre de mim
embora xifópago
eu e eu em mim
sem asas
em grilhões
matéria
perdição
e alguns pecados não perdoados

Paulo Ávila

SEDENTARISMO

Nada me faz feliz e capaz.
Nada é azul nem perfuma minha vida.
Tudo parece ser falso,
até mesmo os sorrisos.
E hoje, especialmente hoje,
o mundo poderia acabar
de uma vez por todas.

Seria um dia e tanto.

BABEL

nãohánadaemmim
nemanimaçãonemoraçãonemtentação
nemalucinaçãooupersuasão
sóumavontadedepartiresentirefugir
demimmimmimmimmim
semhumor
semummotivo
qualquer
que
sequerrequer
algummotivo
desereexistirnestecomplexoorganismovivoemquedeus
ouavidaouodestinooutodosounenhum
nossubordinaramaocaprichodoacaso

Paulo Ávila

IMERSO EM MIM

Desteço
a prece
do rosário
conta a conta.

Sinto
que o grotesco
da essência humana
se revira em agonia.

Encontro um mundo estranho
ainda inabitado
e perdido dentro de mim
no coração ferido que ainda palpita.

Encontro uma fenda obscura
uma fresta de segredos guardados
e tantas vezes esquecidos
que ainda provocam dor

Encontro uma possibilidade de voltar
ao meio do caminho
ao meio de mim
a um meio de fugir.

Sou o meio de tudo
sou a metade que faltava
uma parte de tudo
que se fez nada.

FIM DO MUNDO EM MIM

tenho dores de cabeça que não passam
e me fazem enlouquecer
diante de tanto absurdo
que se faz real e palpável
num mundo que já acabou
mas continua existindo
enquanto a esperança se despede
e este tempo de tantas perdas
e enganos
desaba sobre mim

Paulo Ávila

NECESSIDADE

solitário
espero por ninguém
e conto as estrelas
no céu cinzento e morto
onde as palavras se perderam
no vazio do horizonte esquecido

sem inspiração
sou triste
mas preciso ser triste
para ter inspiração

é sempre assim

PERDA

perdi tudo
restaram-me a vida
e alguns sonhos remendados
guardados no porão

perdi tudo
mas a barba por fazer
ficou neste rosto triste e calado
que perdeu a ilusão

perdi tudo
e tudo agora se fez nada para mim
deixou apenas uma vaga, uma lembrança amarga
que me deixa aflito, tantas vezes em conflito
com um sentimento de culpa, de pesar
e um coração que vive tão amargurado
em meio à multidão cinza em sua amorfia
e que não me diz nada

perdi tudo
e toda a rua por onde passo parece triste
e a espécie humana parece triste
e o mundo inteiro parece triste
enquanto eu, cabisbaixo e tão só
em passos tristes
ando tão triste

perdi tudo
me sinto nada
me sinto parado
me sinto amargo
me sinto ninguém

Paulo Ávila

SONHOS PERDIDOS À JANELA

À janela do mundo, o vento canta desafinado
como num sonho de memórias apagadas
que se tem quando se acorda.

E a realidade parece ser tão assustadora
que ainda prefiro sonhar num estado de coma
e nunca mais abrir meus olhos.

Perdido entre o fim do mundo e a aurora,
busco por algo, por alguém, por uma luz
que me traga de volta a esperança que nunca tive.

RUÍNAS

Não há nada que alguém possa fazer por mim.
Nem rezar,
nem me ajudar,
nem me salvar.
Por isso, à memória do que trago em minhas mãos
enquanto sou tragado por um destino
que insiste em me acompanhar
como doença crônica e congênita
peço ao menos que me traga
um trago de sensatez
e um trato para a minha lucidez,
pois mil demônios habitam em mim
em forma de lembranças,
de alguns sonhos pueris arruinados,
de tantos problemas mal resolvidos
e uma saudade pungente de uma infância tardia
que nunca mais viverei.

Paulo Ávila

DOGMAS

grito
solitário
subalterno ao destino, aliado ao niilismo

sem redenção
vago nas frestas do acaso
e agonizo abstêmio em crises pós-modernas

uma avalanche de sentimentos e informações
tomba sobre minhas certezas líquidas
relativas, tolas, pretensiosas, imunes a mim
presas ao mundo

sem céu, sem paz, sem pátria espiritual
um tolo no espelho não se vê
antes se perde
e se desconhece

réu, carrasco e vítima
nos grilhões da salvação
em palavras e ritos arcaicos
que assustam, amordaçam, castigam e condenam

oh, deus! livrai-me das convenções!

SEM RESSURREIÇÃO

Salva, ó cristo,
as almas dos que estão em perdição
e imploram por absolvição.
Salva-me,
sepulta-me
e ressuscita-me contigo
da morte eterna para o nada da redenção.

Salva-me
das misérias humanas,
da corrupção desta vida.
Salva-me,
pois cheguei até aqui
penitente
diante de ti
e nada me restou.

Observo solenemente e piedoso
o lenho do castigo preso na parede
em forma de cruz e salvação
enquanto crisântemos com cheiro de morte e incenso
invadem meus sentidos diluídos
pelo pecado.

Oferto a ti meu coração,
minh'alma moribunda
em perdição.

E nada mais me resta:
nem a dor, nem o alimento
que se tornam o meu sustento.

Em vão.

SUBSOLOS DA VIDA

pus para fora
o pus, a ferida, a náusea, o vômito, a gosma seca
o soluço, o expurgo, a inocência ingrata
as horas de dor e de agonia

o santo dos pecadores
é santificado
é crucificado
é destinado
à salvação
em meio a hinos e cantos gregorianos
numa festa pagã dedicada a Baco

graças e glórias
em procissão
vinho e perdição
transubstanciação
invólucro e distúrbio
sem ser, sem saber, sem crer
sendo
sabendo
e crendo

nas chagas abertas
nas cicatrizes
numa dor plena
que salva
a vida se purga
em oratórios, tavernas e solidão

MÚLTIPLAS IDENTIDADES

católico
cético
ateu
contrito
cristão
budista
oriental do ocidente
franciscano preso à matéria
monge em orgias
em claustros da carne
e poesia libertina
no culto mercantilista
de pessoas-mercadorias
vidas-mercadorias
deuses-mercadorias
em curas
milagres
e promessas promissoras do esgoto
que se esgotam na purulência
da crise do ser sem ser humano
diante do grotesco da vida
que recaiu sobre mim

Paulo Ávila

LEVIANDADE DO ACASO

assim é a vida
assim somos nós
num breve e remoto acaso
do universo

é assim... bem assim
diante do nada que vem
e do nada se vai
e nos deixa no mesmo lugar

BUSCA PESSOAL

E essa melancolia, de onde vem?
E esse sentimento de que não sou nada,
de quem herdei?

Não sei de nada.
Quase nada entendo da vida.
No entanto, embora recluso e cabisbaixo,
causa pena a falta que ainda sinto de mim.

Paulo Avila

BREVIDADE

se a minha vida fosse a mesma
daquele mosquito na parede
eu seria breve, porém um pouco mais feliz

aquele mosquito
que acabou de ser
esmagado
na parede
...

ANGÚSTIA

angústia é o reflexo do vazio que a vida nos dá
em forma de dor no peito e pesar
pesar que pesa a vida e o coração

Paulo Avila

NÃO NADA NUNCA

não
nunca
jamais
não há
nem haverá nada
nenhuma palavra
ou alguma esperança
que atinja o mundo
tão pobre e sofrido
quanto o lamento de uma criança

ENVERGONHADO

um morto mais vivo do que eu
riu de mim e da minha vida inútil
e me fez corar de vergonha...

REVIRAVOLTAS

poemas tolos
tristes e sem ritmo
ditam o ritmo do meu coração

sonhos tortos
à margem e sem rumo
paralisam-me diante do sussurro do não

à porta,
diante do acaso
destino-me ao vazio sem absolvição

pelos cantos,
tantas histórias mal contadas
e algumas lágrimas que ainda virão

SAUDADE DE MIM

tudo passa
vai embora
e não volta mais

tudo morre
fica enterrado
e permanece vivo no coração

mas é de mim que ainda sinto saudade

Paulo Ávila

SENHORA PROTETORA DOS NIILISTAS

sou niilista
confesso
e incorrigível
mas sempre elevo
uma prece contrita
à Nossa Senhora Aparecida

FILÓSOFOS E POETAS CANTAM O NADA

Entendo Schopenhauer
servo fiel e profeta
das chagas abertas
das dores do mundo
do nada da vida
que aflige a humanidade.

Mas ainda assim
prefiro ficar a sós
com a poesia angustiante
doente
e moribunda
de Álvares de Azevedo
e Augusto dos Anjos.

Eles me entenderão.

Paulo Ávila

NIILISMO
PÓS-MODERNO

Sem ideias e ideais,
um louco prega
para uma multidão de invisíveis

e a profecia é o vão da vida,
o vão da crise,
do ser,
do mundo moderno
que envelheceu.

III
REDENÇÃO

A redenção purifica a alma.

REDENÇÃO

salva-te, amor
salva-te do amor
salva o amor
com ardor
com a dor
com furor
com rubor
com asas
de condor

Paulo Avila

VIDAS E FORMAS

rabiscos rascunhos
traduzem sonhos
esperanças
vidas e formas
diante dos teus olhos
como diamantes
num dia de amantes
como antes

LIBERTO

O céu se quebrou sob meus pés
e o inferno num turbilhão
caiu enfim sobre minha cabeça
em um momento sublime de epifania.

Libertei-me
e reencontrei velhas dores
velhos amigos
velhos fantasmas
em uma velha casa
em meio aos escombros do meu niilismo de estimação.

Paulo Avila

DESTEMIDO

Sou assim, desperto e tão disperso
como nuvem sem destino
navegando mar adentro
em liberdade e agonia.

Prossigo em meus tortuosos caminhos
sufocando o medo,
tão aberto às incertezas
e às tormentas do coração.

Faço-me destemido,
singrando sonhos
e reconstruindo ideais:
sou arco-íris pós-tempestade.

NOS MEUS BRAÇOS

deleito-me
em êxtase
ao lado teu

há flores
e sonhos realizados
como a aurora
que amanhece
nos meus braços

Paulo Ávila

TODOS OS ENCANTOS DO MUNDO EM TI

pensei-me
tão perdido
esquecido
pervertido
inocente
e um pouco
desentendido

e hoje
enfim
encontrei-me
em uma vida suave
brisa na janela
encantos sem fim

SILVANA

tua pureza ilumina meus dias
teu sorriso é primavera
teu olhar... perdição
onde me encontro
livre de amarras
livre de mim
salvo por ti

Paulo Ávila

MAIS SILVANA

tenho a certeza
mais que certa
mais que perfeita
de que sempre te amarei
nas reticências
e nas entrelinhas
do coração

E OUTRA VEZ SILVANA

perdi tantos sonhos, enredos e a minha própria voz
e no meio de tamanha escuridão a me cegar
surgiste como um anjo de luz e candura
e na tua mais pura e santa presença
encontrei finalmente a salvação

Paulo Ávila

E PARA SEMPRE SILVANA

de hoje em diante
decreto amor eterno a ti

NÓS DOIS

há um sorriso,
um olhar que se perde no horizonte
e deságua em nós como a vida que se renova
no rio que corre tranquilo
mundo afora
por aí

nós dois juntos e nada mais

Paulo Ávila

RENOVADOS

tanto
tempo
e tanto
e velho
e novo
e sempre
e um pouco mais
o amor
renova-se
renova-te
em mim
em ti
em nós

INTENSIDADE

decerto
despeço
as possibilidades de não estar contigo
ontem hoje amanhã ou por um segundo que seja
e que me perca
ou que me acometa a chance de
(num piscar de olhos)
desviar-me do teu amor
que fulgura intenso
distenso
impossível
de não sentir
ou perceber

Paulo Ávila

POEMINHA

escrevi um poeminha tão pequenino
para falar do tamanho do meu amor
que nem chegará a ser um soneto
mas será maior do que um haicai
e do que uma quadrinha popular

POENTE

gosto de puir
o poente
que há
no teu olhar

deslumbrando
o infinito
que se revela
em mim

imenso
e suave
à distância
de um toque

Paulo Ávila

VIDA NOVA

renasci nos braços
do anjo mais belo
às portas do meu paraíso

era o teu amor
e nada mais
que me trouxe finalmente paz

e hoje quero tão-somente
repousar no infinito do teu colo
e de olhos abertos adormecer

e enquanto o crepúsculo
pinta o céu de ternura e desejo
quero ser apenas eterno ao lado teu

PUREZA

amaremos
minha Vênus
deusa pura
no altar

Paulo Ávila

PERFEIÇÃO DIANTE DE MIM

A vida (esta vida que temos)
parece-me perfeita:
tenho flores no jardim
e a eterna primavera
diante de mim.

FLORESCER

Tenho-te tão pura
quanto a perfeição que se personifica à minha frente.
Tenho-te assim tão bela,
neste dia em que o tempo parece parar
e a vida inteira floresce.

Tenho-te agora, pela eternidade,
em poemas meus e canções alheias
que traduzem o que sinto por ti.

No entanto,
nosso amor já existia
desde muito tempo
antes de o sol nos aquecer
e a lua inspirar os poetas.

Tenho-te.
E isso me basta.
Ainda que o mundo acabe.
Ainda que o tempo regrida.
Ainda que a vida pereça.

Tenho-te
e tens a mim.
E isso nos basta.

Paulo Ávila

LINGUAGENS

Não há palavras,
nem mesmo algum sentido
capaz de explicar
o que somos,
o que nos tornamos
e o que será
daqui por diante,
daqui para todo o sempre,
daqui até o instante em que se pisca os olhos
e se vive uma eternidade num silêncio que fala
muito mais que os lábios que beijam.

NOVA AURORA

Amanhece.
É um outro mesmo dia
que se renova
e se eterniza
em nós.

Entre os nossos sonhos
e a brisa da manhã,
quero beijar-te
e, ao teu lado,
preciso sentir a aurora
que acorda,
se levanta
e diante dos meus olhos
ganha um outro nome para mim.

Um nome tão puro,
suave melodia
que embala a minha vida.
O teu nome,
minha rosa,
minha aurora,
minha Silvana!...

Paulo Ávila

DECLARAÇÃO

Te amo assim,
na penumbra silente,
como numa prece,
em fervor indulgente.

Te amo assim,
tão de repente,
meio distante,
em desejo ardente.

Te amo assim,
suavemente,
hoje, amanhã
e para todo sempre.

Te amo assim,
tão emergente,
quase sem perigo
e um pouco carente.

A FLOR E O BEIJA-FLOR

Um beija-flor voou,
parou no ar, pousou na flor mais bela
e nos lábios sorveu todo perfume,
toda quimera,
toda espera que, finda,
torna o meu dia uma primavera
mais que eterna
diante dos meus olhos,
que tua beleza, por ser tão perfeita,
me completa.

E, vendado, vejo calma e claramente
a vida que em ti se revela
e o amor tão puro que se traduz
em suavidade, calor e entrega.

Paulo Ávila

A PLENOS PULMÕES

Traduz
no olhar mais puro
o redemoinho das emoções.

A olhos nus
toca com delicadeza
o fundo de nossos corações.

Admira o céu que traduz,
mais que a perfeição,
o encanto das estações.

E diante da beleza que seduz
grito, pelo amor que sinto,
a plenos pulmões.

NOSSO AMOR

Nosso amor,
conforto para o coração,
salvação para a alma.

Nosso amor,
templo sagrado,
sem mácula e sem pecado.

Nosso amor,
vida que se renova,
flor que desabrocha.

Nosso amor,
alegria mais pura
que jamais imaginamos.

Nosso amor,
rito de passagem,
rio que deságua no dilúvio.

Nosso amor,
nosso mar,
nosso fim do mundo.

Paulo Ávila

NOVO NASCIMENTO

tens a beleza da aurora
a suavidade das manhãs de primavera
a vida que aparece na janela
e amanhece diante dos meus olhos

TEMPO-AGORA-DISTANTE

sacralidade materna
que a vida derrama sobre o tempo
e dissolve os sonhos na saudade

o colo abranda e protege
na lágrima que não se derramou,
mas feriu o coração

um abraço com sabor de afeto
permanece guardado na lembrança
com aroma doce, casa simples, comida na panela

em casa, o abraço, as palavras suaves,
o sono, o recomeço,
a roupa de escola passada, a merendeira arrumada
e os sonhos da vida adulta diluídos na infância inocente

o futebol até tarde, noite adentro com os amigos
enquanto a espera pelo menino
(eterna criança)
se agrava
em orações e pedidos de proteção à Virgem Maria

hoje as rugas e a prata do tempo falam por si
enquanto tudo parece perecível à vida
em uma pequena e breve dose de silêncio

e o amor permanece maior que tudo
num sorriso aberto que abre as portas da alma
na cumplicidade do infinito que se traduz
em nosso olhar

Paulo Avila

TEMPO-LAMENTO

em tempo
há um tempo
que se faz tormento

em tempo
o intento
de um momento imenso

em tempo
tão lento
nasce o findamento

TEMPO EM FIAPOS

nasci
cresci
e me desfiz
nas traças e tranças do destino

caí
levantei
e prossegui
nas voltas do tempo desfeito em retalhos

pesei
pensei
e desatinei
nas certezas e loucuras que o vento deixou escapar

Paulo Ávila

TRANSCENDENTE

Fenecem os sonhos,
renasce a alma.

Chovem tantas mágoas,
brotam as incertezas.

Abrandam-se algumas verdades,
anunciam-se as dúvidas do coração.

Morre novamente o homem,
vive-se eternamente para algum Deus.

@pauloavilaobraliteraria

@pauloavila.autor

www.linktr.ee/pauloavila.autor